社會情緒學

「品格」
孩子的核心素養

Jeffrey S. Kress   Maurice J. Elias
傑佛瑞・S・克雷斯 莫里斯・J・埃利亞斯

著

Nurturing Students'
CHARACTER

EVERYDAY TEACHING ACTIVITIES FOR
SOCIAL-EMOTIONAL LEARNING

宏達文教基金會——審訂 陳柚均——譯

「品格」孩子的核心素養

　　《「品格」孩子的核心素養》將社會情緒和品格發展（Social Emotional and Character Development，簡稱 SECD）融入你的教學實踐中，是一本易於使用的指導書。中小學學生如果有你培養他們的社會和情緒技能，他們會更有機會得到學業成就，兩者的連結很清楚。有鑒於廣泛的領域經驗和最新研究，本書提供具有 SECD 機會的直觀技術來融入你的日常教學和班級管理。主題從自我調節、問題解決到同儕溝通、同理心，而這些具體的策略、實務的工作表和自我反思的活動將有助於你培養積極的班級文化。

　　傑佛瑞·S·克雷斯（Jeffrey S. Kress）博士，美國猶太神學院中的威廉戴維森（William Davidson）猶太教育研究所伯納德·海勒（Bernard Heller）猶太教育教授。

　　莫利斯·J·埃利亞斯（Maurice J. Elias）博士，心理學教授，美國羅格斯大學（Rutgers University）社會情緒和品格發展實驗室主任、社會情緒學習學院聯合主任。他同時是 SEL4US 的創始成員，SEL4US 為美國國家社會情緒學習全國聯盟倡導和實施的支持組織。

這本書和我們職業生涯的發展方式，深受我們已故同仁及導師伯納德‧諾維克博士（Bernard Novick）之智慧和 neshama（靈魂）[1] 的影響。身為一位系統改革專家，他總是喜歡說系統是為了創造想創造的結果而被完美地設計出來。這個訊息告訴我們，為了得到期待的改變，我們必須改變我們的教學系統、班級和學校的組織方式等等。我們非常感謝伯納德給的這個訊息，也衷心感謝我們的家人、同事、學生及朋友們多年來給予的巨大支持。這本書中的種種洞見不僅來自我們，也屬於他們。

1　意指靈魂、精神及呼吸，在猶太人的觀念裡認為是最高層次的「靈」。

作者簡介

傑佛瑞・S・克雷斯（Jeffrey S. Kress）

　　美國猶太神學院中威廉戴維森（William Davidson）猶太教育研究所的猶太教育教授。克雷斯博士深感興趣的議題，是教育的社會、情緒及學術元素的交會點及如何將這些元素結合，以促進學習和積極的品格和身分認同發展。他寫下了這些要素的應用方法，這些方法不僅適用於學校，而且也適用於夏令營等非正式場合。他同時參與將有障礙的學習者納入各種教育環境的研究及專業發展。

　　他的著作《發展、學習和社群：多元猶太高中的身分教育》（*Development, Learning, and Community: Educating for Identity in Pluralistic Jewish High Schoolsk*，2012 年，中文書名暫譯）獲得了美國國家猶太書獎（National Jewish Book Award）。此外，他還是《成長的猶太思想，成長的猶太靈魂：促進猶太教育的靈性、社會和情感成長》（*Growing Jewish Minds, Growing Jewish Souls: Promoting Spiritual, Social, and Emotional Growth in Jewish Education*，2013 年，

　　　　　　　　　　　　　　　「品格」孩子的核心素養

中文書名暫譯）和《邁向猶太教育的學習議程》（*Toward a Learning Agenda in Jewish Education*，2018 年，中文書名暫譯）等著作的編輯。克雷斯博士與伯納德・諾維克（Bernard Novick）和墨利斯・艾利亞斯（Maurice Elias）一同合著《建立有品格的學習社群：如何整合學術、社會和情緒學習》（*Building Learning Communities with Character: How to Integrate Academic, Social, and Emotional Learning*，2002 年，中文書名暫譯）。

克雷斯博士曾任職於美國羅格斯大學（Rutgers University）的大學行為保健中心，擔任社會決策／社會問題解決計畫的專案發展專家。他有羅格斯大學的臨床心理學博士學位。

墨利斯・J・艾利亞斯（Maurice J. Elias）

美國羅格斯大學心理系教授及臨床博士培訓中心前主任、羅格斯大學的社會情緒及品格發展實驗室主任及社區研究與服務合作中心聯合主任。他是學校社會和情緒學習學院的聯合主任，也是學術、社會和情緒學習協作組織（CASEL）之領導團隊的創始成員。

艾利亞斯博士時常於國內及各國演講，人們視他為出版作品及電子媒體方面的專家，他的研究及寫作致力於針

對兒童、學校和家庭的社會情緒及品格發展領域。他的著作有《教育者的情緒智商及學術成就指南：課堂上的社會情緒學習》（*The Educator's Guide to Emotional Intelligence and Academic Achievement: Social-Emotional Learning in the Classroom*，2006 年，中文書名暫譯）、《霸凌、加害以及同儕騷擾：預防與干預手冊》（*Bullying, Victimization, and Peer Harassment: A Handbook of Prevention and Intervention*，Taylor & Francis，2007 年，中文書名暫譯），《城市夢想：希望、品格和心理韌性的故事（*Urban Dreams: Stories of Hope, Character, and Resilience*，2008 年，中文書名暫譯）、《學校風氣：建構安全、支持及高度參與的教室和學校》（*School Climate: Building Safe, Supportive and Engaging Classrooms and Schools*，2011 年，中文書名暫譯），《給中學生及小學生的社會決策／社會問題解決課程》（*Social Decision Making/Social Problem Solving Curricula for Elementary and Middle School Students*，2012 年，中文書名暫譯）以及《成績單的另一面：評估學生的社會情緒和品格發展（*The Other Side of the Report Card: Assessing Students' Social, Emotional, and Character Development*，2016 年，中文書名暫譯）。他與美國、以色列的說書人，和以色列著名的學校心理學家合作，為兒童創作了一本書：《會說話的

　　　　　　　「品格」孩子的核心素養

寶藏：幫助幼兒建立情緒智商及心理韌性的故事》（*Talking Treasure: Stories to Help Build Emotional Intelligence and Resilience in Young Children*，2012 年，中文書名暫譯）。他近期的合著作品有《育兒的樂趣和擔憂：猶太傳統的見解和智慧》（*The Joys and Oys of Parenting: Insights and Wisdom from the Jewish Tradition*，2016 年，中文書名暫譯）及《提升學生的情緒智商：建立 EQ 技能的三十堂彈性研究課程》（*Boost Emotional Intelligence in Students: 30 Flexible Research-Based Lessons to Build EQ Skills*，2018 年，中文書名暫譯）。

艾利亞斯博士獲獎無數，包括《軍人民事救濟法》（SCRA）少數族裔指導的傑出貢獻獎、美國心理學會（APA）國家管理心理顧問獎、針對社會情緒學習頒發的 Joseph E. Zins 資深學者紀念獎、美國學校健康協會所頒發的 John P. McGovern 獎章及 Sanford McDonnell 品格教育終身成就獎。他是紐澤西州持牌的心理學家，並在 Edutopia.org 網站為喬治‧盧卡斯教育基金會（George Lucas Educational Foundation）撰寫關於社會情緒及品格發展的部落格

CONTENTS

「品格」孩子的核心素養

第一章

簡介

我將使用什麼教科書來教導科學？我認為學校所使用的那些科學教科書不足以闡明某些議題……我該使用哪些補充資料，而我應該多頻繁地使用這些補充資料？

在課堂一開始時，我該為自己設定什麼樣的語調口吻？在感恩節之前，我真的都不應該微笑嗎？校長來觀摩我上課的那一天，我該穿什麼？

教師的一天之中，充滿了各種的選擇。有時，這些選擇是賦能，允許教師按照自己的意願來塑造工作。但是，有些選擇可能會產生相反效果。例如：典型的「雙趨衝突」（approach-approach conflict）讓我們感覺到，在兩個有價值的選擇中做出決定時，我們被迫放棄自己真正想要的東西。這個冰淇淋很好吃……但我或許應該要點巧克力蛋糕。在這些情況下，我們偶爾會驚喜地聽到，自己面臨的其實是一個錯誤的選擇；我們所看到的**非此即彼**的情況，實際上是兩者

「品格」孩子的核心素養

兼而有之。巧克力蛋糕，再加上一球冰淇淋，有人想要嗎？

我們在各種類型學校工作的這幾十年來，也遇到許多教育工作者分享自己擔憂的事，一個遠比冰淇淋口味更重要的選擇：**有鑑於時間及資源的限制，自己應該專注於教導學科內容，還是提升學生的社會情緒和品格發展（SECD）？**這些教育工作者看出有必要支持學生在個人內在和人際關係領域的成長，並承認自己可以對學生造成影響，關於如何與他人互動、理解和管理他們的情緒經驗、解決問題及做出有助於建立關懷社群的有益決策。與此同時，也有一個持續存在的問題，抑制他們充分參與其工作中的這個要素：在專注於學科知識和處理關懷、校園及品格議題之間，我是否需要做出選擇？通常，面臨這樣的選擇，教育者會選擇學科知識。

我們並不是在批評那樣的選擇——我們知道，學業成績有很大的影響，這一點對學生及教師都一樣。

我們的解決方案不涉及複製教育者，好讓他們可以立即完成更多工作（儘管，有時我們自己也欣賞有這種作法！）相反地，現有的課程內容、教學方法及班級管理方法都已為促進社會、情緒及品格的成長提供了充足的機會。所以，同時進行兩件事，我們會說「沒問題」，但對於複製這件事，我要說一聲「不」（抱歉了呀！）。

● 學生閱讀的文學作品包含了針對關係的豐富描述。

- 學生寫下句子及故事包括對情緒狀態的描述。
- 在科學課程進行的實驗涉及了計畫安排和問題解決。
- 學生在數學課的小組作業，需要他們協作和交流。
- 學生學習的歷史事件涉及了衝突及其影響許多個人和群體的後果。

教育工作者擁有這些原始材料，可以同時處理學科內容（academic content）及社會情緒和品格發展。然而，成功與否，就取決於能否將這些材料塑造成有凝聚力的一個整體——積極主動且堅定地運用課程內容、教學和班級管理方法來促進積極正向的發展。這不僅是個效率問題，同時也符合促進社會、情緒和品格成長的最佳實踐。這本書所描述的方法，歷經了實地測試、教師及學校雙方驗證以創建班級和學校，於此就再也無需在學業和社會情緒及品格發展之間進行選擇。

✂ 一個發展中的概念

我們廣泛地使用「社會情緒和品格發展」這個用詞，它涵蓋了一系列的方法或運動，例如：社會情緒學習（Social-Emotional Learning，SEL）、品格及道德教育、全兒童教育（whole child education）和積極的青年發展及更具針對性的方法，例如：霸凌／暴力防治和衝突解決。以上及其他種種方法，都是信奉教育為一種載體的概念，作為增進我們與他

人的關係、理解並管理自己的情緒、並表達自己情緒給他人的工具。遠從柏拉圖時代，當然包括杜威[2]那個時代，教育一直被視為會影響一個人將成為什麼樣的人，而不僅僅是學了些什麼的人。柏拉圖和杜威兩人都重視公民和學習品格的教育概念，那些「良善」及其他「可能且時常比讀寫課程、地理或歷史課程學到的更加重要」的態度（Dewey, 1938, p. 48）。

1980 年，詹姆士・卡莫（James Comer）開創了一種發展和心理社會的觀點，來考評學生和學習，並結合學校和社區環境如何發揮強大的影響力。卡莫推動的學校發展計畫（School Development Project），是現下許多計畫的催化劑，因許多積極的成果而推展開來。1995 年，丹尼爾・高曼（Daniel Goleman）暢銷全球的著作《EQ：決定一生幸福與成就的永恆力量》（Emotional Intelligence）為這一項志業提供了強大的推動力，隨著「學術與社會情緒學習協作組織」（www.CASEL.org）和「品格教育組織」（www.character.org）的創立，兩者代表在學校促進個人內在和人際關係發展的兩種主要方法，此後緊跟隨的是（「社會和情緒學習：一個短暫的歷史」，2011 年）。

2　Dewey，美國哲學家、心理學家和教育家，實用主義哲學的創始人之一。他的教育思想不僅影響到美國進步主義教育運動，同時影響土耳其、日本、中國及蘇聯的教育改革。

社會情緒學習的特殊演變，可以追溯到社會學習和認知行為導向（Elias, Kranzler, Parker, Kash, & Weissberg, 2014），著重於發展技能（例如：自我覺察、社會覺察、自我管理、關係技巧及負責任的決策）。品格教育強調價值的發展或營造一種支持的學校風氣。現在，這兩種「勢不可擋且遲來的」（Elias et al., 2014, P. 250）方法，在觀點上趨於一致，正在形成「社會情緒學習 2.0」，有時也被稱為「社會情緒和品格發展」。社會和情緒技能「作為一套基本的人際互動能力，可用於善或惡；但為了要用於善，它們必須被熟稔地掌握──責任、尊重、誠實及其他可取的品格層面，都需要健全的『社會情緒學習』能力」（Elias et al., 2014, P. 261）。與這兩種方法相關的推薦實踐，也正趨於一致（Novick, Kress, & Elias, 2002）。

值得注意的是，當前的神經科學研究支持情緒和認知的中心性和密不可分的連結。冥想練習的神經影像（Lutz, Slagter, Dunne, & Davidson, 2008）推動了「正念」（mindfulness）的普及性，這種方法被明確地驗明為一種社會情緒學習的實踐（Jennings, 2015）。

社會情緒和品格發展的神經學，被認為與發展的社會環境有密切的相關性──特別是貧困和童年逆境經驗（adverse childhood experiences，ACEs）對於社會情緒和品格發展所造

　　　　　　　　　「品格」孩子的核心素養

成可能的影響，越來越被人們正視。在一項長期性研究中，發現貧窮、家庭混亂和暴力等，都會導致幼童負面情緒的調節能力下降（Raver, Blair, & Garrett- Peters, 2015）。有鑒於童年逆境經驗的普遍性——估計有超過一半的學生都曾經歷一次童年逆境經歷，有 19％的學生則有超過三次或更多的經驗（Balistreri & Alvira- Hammond, 2016）——以及在美國生活於貧困的青年人數——這一點尤其令人擔憂，全美貧窮兒童中心（National Center for Children in Poverty）估計，比例在 21-43％之間。種族、經濟狀況及住房政策——這些政策的「幽靈」至今仍揮之不去（Lamy, 2013，P. 12）——使得種族及貧困的問題密切糾纏在一起。位於極度貧困地區的學校，由於挑戰的工作條件（例如：可取得的行政支援程度），總是面臨教師流動率高居不下的問題。

貧困不是一種急性病症，而是看似無窮無盡的一連串障礙欄架。這些欄架足以克服並且也已有人克服，但許多學生厭倦了不斷要跨越這些障礙，在比賽結束前就退出了比賽。花費在跨欄上的精力讓許多學生無法達到那些只需要跑步者的水準。

（Elias, Zins, & Graczyk, 2003，P. 308）

我們的方法不會減輕為了解決結構性障礙（例如：貧困和種族）所需的社會變革而奮鬥的需要。相反地，我們所認知到的，是我們必須為所有學生提供即時且關鍵的支援——無論是那些需要跨欄的人或正在跑步的人。

< 這是家長的職責角色嗎？

為什麼是學校？為孩子灌輸這些價值和行為，不正是家長的職責嗎？我們時常會聽見有人提出這個問題，而且往往來自憤怒的教師，他們認為自己更需要做出選擇來分配早已不足的教學時間。這個問題不僅反映了學業和社會情緒領域之間的假設分歧及錯誤選擇，也顯示他們假設關注學生社會及情緒需要會減損且分散學校的主要工作——教學內容。

我們當然同意，家長應該為孩子的社會和情緒發展負責任。而且，在絕大多數情況下，他們也確實這麼做。然而，讓家長獨自承擔這項責任是不對的，就如同將責任全然交給教師和學校一樣地錯誤。在最好的情況下，積極的發展需要有一系列的機構支援——家庭、學校、社區中心、信仰組織等。這個強大的發展網絡可以設定行為上的規範，而這些規範在這些年輕人接觸到的廣闊世界的視野中，可能並不那麼明顯。一個正向發展的網絡可以促進自我覺察而不是自我懷疑；即便面對分歧也能進行對話，而非防禦；重視意義和目

「品格」孩子的核心素養

的性，而不是追求幾乎無法實現的名望和財富。

但是，問題仍舊存在著：**為什麼是學校？學校——特別是教師們——難道沒有相當的責任和任務需要應對嗎？**當然有。然而，在當前上學日和學年設定的母數裡，時間能以不同的方式利用。學校是青少年生活中主要的生態環境；和教師共處的時間可能會遠多於和家長的時間。學校是學生的社交環境，讓他們能夠接觸到同儕、教師及教職人員所組成的多元化社群。

學生面臨與友誼、成績及時間管理相關的情緒狀況。正如我們將在下一章所見，社會和情緒議題是學校日常生活的事實，與學業有著密切的關係。問題不在於教育工作者是否應該解決這些議題，而是他們是否採取主動或被動方向來應對這些問題。學校會發揮類似社群生活實驗室的作用，還是試著約束行為，並以抑制社會和情緒的相關反應來減少違規行為（Osher, Kendziora, Spier, & Garibaldi, 2014）。

考量到心理學家尤里・布朗芬布倫納（Urie Bronfenbrenner）所說的「社會情緒及品格發展在學校發展的生態環境」，需要考量影響孩子經驗的多重組織層面。這包含學生是直接參與者的學校生活要素，例如：與同儕和教師的互動；以及那些有間接影響的要素，例如：教職員會議和專業發展的性質，以及學區、州／地區及國家的考慮。

全面性思考一個關懷社群以支持社會情緒和品格發展，需要思考多重的生態元素。根據我們的經驗，這是教育工作者普遍認同的另一種說法，但也同時讓人驚惶失措。不可否認地，這些青少年所身處的體制如此複雜。我們學生的社會情緒和品格發展具有廣泛的影響，這些影響有可能補充或增強教育工作者的工作，也可能會產生相反的影響。教師可能會想知道，當學生行為受到混亂的網路強烈影響時，當嘶吼成為新的討論方式時，當辨明真相而觀點的來源可能具挑戰性時，我的種種努力有什麼價值？對這種擔憂，我們表示同情，並認知到教師們不能是唯一的解答。然而，《塔木德經》的格言也讓我們備受感動：「你不需要完成任務，但也不能隨意停止。」我們不能低估教育工作者和學校的力量！當然，在這些教師「不停止」促進社會情緒和品格發展的同時，也不能中止在學業成果的努力。這種對學生全面成長的持續追求—社會的、情緒的、品格的及學業的—是我們關注的焦點。教師們不需要面臨其中哪一項最為重要的選擇——它們之間相互依存。

⤳ 透過社會情緒和品格發展的視角施行教育

攝影師使用濾鏡來突顯某些顏色，同時淡化其他顏色。主體的複雜色調仍然存在；攝影師選擇著眼於某些特定顏

「品格」孩子的核心素養

色，而非其他顏色。如果從社會情緒和品格發展的濾鏡來看，教育會是什麼樣子？這種濾鏡可以讓我們看到一般班級裡早已存在的社會和情緒元素。藉由所教導的**課程內容**、用來教導的**教學法**及實際進行教學的班級（和學校）**背景環境**（context），我們可以清楚地看見這些社會和情緒元素。

課程內容。關於學校注重「事實和數字」的陳詞濫調，並沒有描述當代學科課程標準所應該要有的學習方式。僅僅瞭解關於一個主題領域還不夠充分，教育工作者被要求幫助學生**學習如何思考**主題。美國洛杉磯加州大學全美學校歷史中心（UCLA一's National Center for History），以學校的歷史思維標準（Historical Thinking Standards）進行的分析，該標準與「共同核心標準」（Common Core Standards）相符，提供了反映真實情況的恰當例子。我們之中有些人可能記得曾上過那些社會研究課程，歷史不應只是對事實和數字的死記硬背，而是應該以強調人們面對特定情況時的情緒和決定的方式呈現，他們的「動機、信念、關注、希望及恐懼」[3]、他們決策的後果及未採取決策的可能結果。社會研究已從對歷史事件的研究，轉變為對情境中的人們研究。這種方法不僅能激發學生的積極性，而且還打開了一扇門，可以應用這種社會研究來理解自己的人生。我們的濾鏡將專注於社會情

3　https://phi.history.ucla.edu/ nchs/ alignment- common- core- standards/ 3-historicalanalysis-interpretation/（2019 年 10 月 16 日摘自網站內容）

緒和品格發展在整個課程中的表現，從理解文學作品中人物的情緒，一直到解決數學及科學中的課題。

教學法。許多行政人員告訴我們，在視察班級時，若總是只聽到一片的沉寂，他們就會感到憂心。儘管，教師們可能欣然地接受這種安靜時刻——而且，我們已經認知到讓課堂時間偶爾加入這種安靜時刻的重要性——但行政人員的擔憂，來自於將教學法視為社會過程的基本信念。社會情緒和品格發展的濾鏡所揭示的是，它往往是一個**喧鬧嘈雜**的社交過程！藉由聽取同儕對於文本或事件的解釋，學生可以提升自己的見解。以小組為單位時，學生學習解決問題的新方法。對於學生而言，來自同儕對於自己課業上的反饋，所受到的重視，可能至少和老師的反饋同等重要。這些教學技巧並不是什麼新鮮事，也不會因為教育工學（education technology）的引入而被忽視。在採用社會教學法（social pedagogy）時，教師往往是在社會情緒和品格發展元素失效時，才會關注它們。要維持兩人一組的指定作業、小組作業及課堂討論的正常運行，就需要關注其社會和情緒上的層面。在我們的方法中，我們要求教師要積極主動且有意識地進行。

背景環境。每天早上，要進入教室的學生們都會禮貌地向你打招呼。他們有充分的休息、有充足的營養、精神集中，

　　　　　　　　　　　　　「品格」孩子的核心素養

並且專注於學習。他們已經放下了生活中的所有焦慮及與彼此、與你之間可能存在的任何情緒包袱。他們到此是為了學習……而且就只為了學習一件事！

如果這說法一般而言足以描寫你的班級，那麼你是少數人之一。我們其他人可以理解，無論教學內容或教學法如何，教學活動只是課堂上社會和情緒生活的一部分。社會情緒和品格發展的濾鏡，顯露許多與學習相關的環境背景因素：環境是否具有刺激性？是否造成注意力分散？班級的關係是否以友誼作為特點？是敵對關係嗎？還是亦敵亦友的關係？學生是否認為班級是一個安全的地方或者感受到來自同儕或老師的敵意？他們來上課時感到筋疲力盡嗎？感到飢餓？感到憤怒？覺得壓力大？「準備好學習」（ready to learn）這個被大家頻繁使用的詞語，指涉的不僅是學生是否記得帶他們的鉛筆和筆記本。事實上，教師們經常向我們表示，他們花在課堂上的管理時間，往往和花在教學的時間一樣多，甚至更多。班級的環境或風氣奠定了學生的學習基礎。班級管理可以採用一種同時促進學習也增強社會情緒和品格發展的方式進行。

社會情緒品格發展和學術

關於如何結合學科學習領域的教學與社會情緒和品格發

展的提升，本書提供了一些建議。值得注意的是，社會情緒和品格發展的改善進步，會造成課堂學習的影響。對該主題的審視中，辛斯（Zins）和他的同事們（2004, P. 14）得出結論，表示一系列「研究發現與學校成功相關的廣泛結果，源自於社會情緒學習的干預。」當課堂上所關注的重點是建立正向的社會情緒動態時，學生就能夠相互支持，他們能有足夠的安全感來承擔風險並表達自我，能應付在學校上課一整天的情緒起伏，並且可以在學習時集中注意力。朗格（Long，2019, P. 1）指出，「一個良性循環，在該循環中社會情緒學習的有效實施，可以減少花費於課堂管理的時間，因而容許更多用於教學和學習的時間。」當班級環境未能提供關愛、支援、安全且具挑戰性的學習者社群時，教學無法有效地進行，學習也無法加以內化和普及。

❮ 本書的組織結構

在接下來的兩個單元中，描述了構成所有強化社會情緒和品格發展工作基礎的組成要素。第二章介紹了社會和情緒能力的技能訓練框架，著重於將行為、知識和情緒相互協調的必要性。在第三章中，我們會提供一些建議，說明如何建構關懷的班級學習社群。第四章至第八章，會分別介紹各個社會情緒和品格發展的能力領域，並為每個領域提供相關的

　　　　　　　　　　「品格」孩子的核心素養

策略及例子。最後兩章將會擴大說明這些焦點。在第九章中,我們將社會情緒和品格發展的促進與發生在個別學習領域之外的教育連結。本章將會討論行為管理、可以強化社會情緒和品格發展的各種教學法及學生動機。最後,第十章說明你該如何邁出社會情緒和品格發展旅程的第一步及如何評估進度。

第二章

以技能為導向的
社會情緒和品格發展

　　我們的社會情緒和品格發展濾鏡，透漏了充滿整個學校中學科、社會及情緒學習之間的深層聯繫。一個可以促進社會情緒和品格發展的全面性方法，同樣也包含多元面向。在網路上搜索「社會和情緒學習」或「品格教育」，將會出現可以花上一輩子時間的「搜尋結果」。人們很快就會意識到，這個領域不乏書籍、相關課程及該領域中專業發展的資訊來源。雖然我們為這領域的百花齊放大聲叫好，但我們也擔心有潛在的誤導訊息，讓人們誤會社會和情緒層面的成長只需要藉由少數的活動或方法就足以解決，或者這些活動或方法和學科學習應該是兩條平行線。採用清單來促進社會情緒和品格發展的方法，確實很吸引人：

　　討論霸凌的大集會？打勾！

「品格」孩子的核心素養

在走廊上貼有強調我們價值的標示？打勾！

每週幾分鐘進行社會情緒和品格發展課程？打勾！

在整個學期中進行社會情緒和品格發展？打勾！

社會情緒和品格發展方法的這些元素很常見；我們並不是要暗示它們在學校裡沒有一席之地。然而，我們將它們視為更大整體的一部分，必須解決社會情緒能力及品格如何發展的複雜性。因為在理想情況下，學校應對社會情緒和品格發展的努力，必須反應於多重層面（個人、班級及年級）；涉及多個學校群體（教師、教職員及輔助專職人員）；並且包含多種方法論。但試圖從某個點開始來描述這個系統，都可能會導致過於簡化。每位教師的社會情緒和品格發展之旅總得從某個起點開始，而我們發現從技能培養的概念開始會有極大的幫助。

✂ 技能的基礎

想像一下，在一天當中，甚至在一個的互動過程中，需要用到哪些社會和情緒技能，例如：當一位教師看到某個學生獨自坐在走廊的地板上。那位學生可能有什麼樣的感受，至於那個學生為什麼獨自坐在走廊上，有哪些非語言形式的線索？我們以前看過類似的情況嗎？那個學生現在可能發生

了什麼事——他現在應該在哪裡才合理？這位教師看到學生的最初情緒反應是什麼？隨著情境的發展，教師是否需要調節自己的情緒，一旦學生的情緒狀態更加明確後，最初對於學生不在教室裡上課的憤怒，是否會轉換為同理？與學生交談時，教師該採用什麼語調及措辭？隨著對話的展開，該如何調整口吻？這位教師會決定對學生說些什麼？無論如何，這段對話都會對這位學生的情緒狀態產生影響，甚至可能會涉及其他人。要將孩子送回教室嗎？就當下發生的狀態來進行對話嗎？將學生帶去輔導員那裡或是去行政辦公室？要聯繫家長／監護人嗎？

處理這樣類似的情況——這是教育工作者日常面臨許多類似情況的一個例子——需要許多技能。這些技能是什麼？我們發現，學術與社會情緒學習協作組織（CASEL）所提供的規準，有助於避免整理出低效能清單的麻煩。學術與社會情緒學習協作組織列有五個主要的類別：

（1）自我覺察（例如：識別自己的情緒狀態）。

（2）自我調節（例如：在面對壓力時讓自己平靜下來的能力）。

（3）社會覺察（例如：同理和觀點取替）。

（4）關係技巧（例如：溝通和傾聽的技巧）。

　　　　　　　　　　　「品格」孩子的核心素養

（5）問題解決及決策的技巧（例如：預測自己種種選
　　擇之後果的能力）。

　　將社會情緒和品格發展視為深植於技能之中，這能促使
我們尋求培養這些技能的方法，而不僅僅是讓學生瞭解這些
技能。因為這些技能在每個年齡階段、每一個上學日都息息
相關，所以我們需要有全面性方法，隨著時間推移來培育這
些技能——就如同我們針對閱讀和數學技能所做的一樣。

　　然而，要培養一項技能需要什麼？關於這個問題的答
案，不需要尋求於深奧的心理教育理論。相反地，隨著時間
積累，我們所有人都發展並擁有技能和能力。我們所指的技
能，不是那種可能被認定是前所未有或超乎常人的技能。是
的，有些讀者可能早已掌握了高海拔登山運動或駕駛太空船
的技巧。但對我們其他人而言：

　　想想那些你早已經學會的事，那些不是每個人都知
道怎麼做，但很多人都知道方法的事。

　　你會演奏任何一種樂器嗎？會畫畫嗎？會打網球嗎？你
會變任何一種紙牌魔術嗎？你能設計一個課程計畫或開發一
個課程單元嗎？

好的，現在想像一下，從**無法做到這件事到能夠做到這件事**，之間所涉及的事物。

可能的情況是，你來到這個世界時，並沒有帶著特殊的能力。發展能力可能很容易……也可能不簡單。我們發現，當你與一群教育工作者一起完成時，這件事成了既富有創意又有趣的提示。一旦每個人都想到了一項技能或才能，就可以讓每位成員分享自己的才能，重要的是，一一列舉獲得這項才能所要採取的步驟，並以兩人或小組方式來比較彼此的筆記。分享自己的才能、瞭解其他同儕往往不為人知的才能所帶來的興奮，只是一個前奏，如何獲得這些才能才是核心的討論。透過討論，相似之處變得清楚可見，差異之處往往是強調的角度不同，而不是實質上的不同。

在最基本的層面上，必須要先確立領域（domain）。我擅長於……或是我知道如何……領域的特殊性各不相同。做菜。做印度菜。做素食的印度菜。做印度咖哩餃。踢足球或是擔任足球守門員。無論如何，簡略的表達方式可以傳達一個人正在說什麼，並為我們說話的對象提供一些指引（但不盡詳細）。可能有人會說：「我不會下廚料理，但我知道素食料理是怎麼一回事。」我們需要為正在談論的內容加以命名。在我們的案例中，建立一個社會情緒和品格發展詞彙表，以作為提示和線索的簡語，是技能培養過程中的一個基

　　　　　　　　　　　「品格」孩子的核心素養

本步驟。

在命名自己的能力時，我們通常不會從一個極其細微的層面著手（「我擅長以加入花生油的油鍋炒茄子，並以旋轉的動作移動鍋鏟」）。我們會從一個較為概括的領域開始（「我是一位好廚師」）。然而，要在某個領域獲得能力，就需要這些細微技能的累積發展。一個人可能會立志成為一名表現更好的廚師，而這個目標可以提供給個人在目標上的一個激勵願景，以及一個簡語來表達某人正在做的事情，但為了要在更為廣大的領域裡真正地成長，一個人需要更深入耕耘才能獲得一定水準的技能。一位好廚師需要知道那些事？需要做到哪些事？我可以分辨出瑞士甜菜及羽衣甘藍的差異嗎？我會用燉煮、燒烤、烘焙及鹽水醃製等料理技法嗎？

組件（**細微**）技能的發展可能不那麼令人嚮往，但這是基礎。這件事如何發展？雖然沒有單一的過程，但有些元素會不斷地出現在我們聽到的故事中。p. 35 的框格 2.1 總結了引導技能發展的指導過程。以下，我們會針對一些顯著的元素進行評論。

首先，多數的實用能力，很少是以單獨形態發展起來的；我們通常會利用現有的智慧學識作為輸入資訊。至少，我們懂得使用指導手冊或教學影片。一般而言，我們會從與其他

有豐富經驗的人,例如:講師、老師、教練、顧問或導師,更積極地參與而從中受益。但是這個人要做哪些事呢?

❮ 示範,有意識地指導

對教育工作者來說,最常聽到的一句話也許是「要當一個優秀的角色榜樣!」觀察一位專家——或者,至少是一位更有能力的人——會促成一種關於技能在實際行動中的心理畫面或圖解。大家可以閱讀一段文字描述,關於如何在籃球跳投之前站穩腳步,但這完全比不上親眼看見有人親自示範。為此,我們加上一個**意向性**(intentionality)的維度。為什麼?如果一位教練正在示範動作,不就帶著有意為之的意向嗎?或許,在字面意義上是如此(也就是說,教練不是**偶然地**進行示範),但不符合最大程度示範的定義。當一位優秀的教練開始為一項技能示範時,他會以自己在應用的情況下行使該項技能不同的方式來示範。教練可能會採用以下一項或多項的作法:

- 放慢動作。
- 極度強調某些元素,讓新手更明顯看到這些元素。
- 講述過程(「現在我會放下我的右腳,同時以左腳為軸來轉身」)。

● 刻意地暫停動作，以突顯特定的時刻（「注意看我將右腳放下後的腳趾指向什麼地方」）。

簡而言之，成功的示範動作，遠比新手觀看專家「行動」更重要。

✂ 提供反饋的練習

若能直接從「看著事情做好」，進展到「有能力把事情做好」不是很好嗎？然而，眾所周知，這需要艱苦不懈的練習。關於實踐的重要性，早已深入大眾的普及意識，這往往歸因於作家麥爾坎・葛拉威爾（Malcolm Gladwell）的想法，即需要一萬個小時的練習才能獲得專門技能。然而頻繁誤用「一萬個小時」的規則引發了強烈反應，其中包括葛拉威爾本人。一個人**如何**練習，與一個人的練習時間有**多長**，至少有同等的重要性。

關於練習，所需要的不僅僅是「一次又一次的嘗試」。人們需要被給予反饋，然後將反饋納入吸收，如此一來每一個「小時」的練習都代表著改進，而不是簡單的重複。在一般的情況下，活動本身就會提供某種程度的反饋。一盤炒出來的菜色平淡無奇。籃球跳投時離右邊還有一段距離。而且，有時候，透過這種自然的反饋及／或先前的經驗，學習

者會獲取足夠資訊進行自我糾正，在炒菜時加入更多鹽、大蒜及辣醬。將球對準，離左側更遠一點。然而，在許多情況下，這還遠遠不足。首先，你可能需要高度的自我監控，而在技能變成更為自然的動作之前，這種自我監控可能會在練習時分散注意力。如果沒有外部觀察者提供資訊，我可能會很注意右腳的位置，以至於忽略了投籃時的其他事物。甚至，我可能認為我的站立位置指向正確的方向，但實際上我可能有點偏離目標。其次，新手可能需要額外的訣竅或資訊，而這些訣竅或資訊很難透過反覆的嘗試和錯誤（trial and error）來獲得。我可能會偶然地發現增加醬料風味的方法，但這需要歷經許多嘗試和錯誤。在某些情況下，這樣做有特別高的風險——藉由反覆的嘗試和錯誤學習開車，而不是透過專家指導，這可能會導致嚴重的傷害，或至少讓你付出高額的保險費。

❮ 從歸納（Generalization）到增加複雜度

　　複雜的技能，最好透過循序漸進的方式一一教導，將重點放在組件部分。本書的其中一位作者於大學時期參加了課外活動的擊劍課程。他知道，這完全不同於那種好萊塢式的劍道格鬥，但當其中有整堂課專門探討握持武器的各種方法、從一種握法轉換至另一種握法的正確方法時，他仍然感

「品格」孩子的核心素養

到驚訝不已。在練習了這種技法和隨後的學習課程之後，這位仍是新手的擊劍者開始將這些技法組合成更加複雜的一系列動作，讓人開始感覺到這真的像是在擊劍（儘管看起來可能更像是一群著裝不合身的笨拙養蜂人）。

葉杜二氏法則（Yerkes-Dodson law）[4] 是一個有據可查的指導原則——挑戰的程度應該適切地呼應技能。「讓我們學習如何以非慣用手進行運球」的最佳時間，並不是在一場競爭比賽中，儘管比賽無論如何都會是很好的練習機會。一位好教練會讓這件事逐步地發展——有系統地在訓練中練習、在球隊中的練習賽中採用，然後在比賽中實行——而不是在一場勢均力敵的比賽中，至少在一開始時是如此。

學習駕駛汽車的比喻，指出了技能培養的另一項重要因素，即進行學習的環境中其複雜性會不斷增加。在多數的情況下，我們不會在擁擠的高速公路上學習如何開車。（儘管在每個研討會中都會遇到某些例外。）我們透過風險較低的環境學習，從而逐漸向上發展。能夠在平靜且理想的情況下實行一項技能，並不代表著能夠於危急關頭時做到這件事。

角色扮演提供了練習技能的絕佳機會，並為本書中一些

4　也被稱為「倒 U 形假說」，它說明動機強度和工作效率之間並非線性關係，而是呈現倒 U 型曲線的關係。中等強度的動機最有利於完成任務，動機不足或過於強烈都會使工作效率下降。

活動奠定了基礎。角色扮演讓學生能在身體上、社交上及情緒上都參與其中。它們讓更旺盛的學生有機會盡情發揮，並為更多試探人際關係的學生提供參與的支援。此外，正如社會情緒和品格發展的主要研究員羅伯特·塞爾曼（Robert Selman）所言，這種相關活動可以「引導參與者遠離他們以自我為中心的反應」，這是一種「立即而不是智性的體驗」。

被要求扮演特定角色的這位學生，必須直接參與該角色的態度、假設及情緒——換句話說，離開自己的觀點，有足夠時間以另一個人的角度來好好思考。

（Selman, 2003 , P. 70）

⋖ 動機

當我們將發展社會情緒學習技能和發展其他技能這兩者進行類比時，動機問題便難以避免地出現了。我們學習技能（烹飪、運動）是因為我們想要這麼做，因為我們認為它具有內在激勵（「它很有趣、令人感到滿足」），及／或外在激勵（「我要讓我的朋友刮目相看」、「我可以在網路上看見自己的藝術創作」）。發展社會情緒學習技能的動機是什麼？針對這個問題，不會只有任何一種單一的答覆。有時，學生會看到（或可以意識到）生活中有形且短期的好處

（「我不會那麼頻繁地惹上麻煩」或「我可以更有效地表達自己」）。有時，他們會對品格的訴求做出回應，或者成為他們想成為的那一種人。其他人則是連結到安全和關懷社群的益處，以及維護社群對社會情緒學習技能的需要。熟練的教練會設法瞭解團隊個別成員的動機，並幫助新手們牢記自己更大的目標，即使他們正集中精力於看似相關性不高的任務上。

⤳ 定期地反思

正如杜威（1938 年）所說，我們不是從經驗中學習，而是從反思經驗中學習。著名的發展心理學家艾文・西格爾（Irving Sigel）指出，為了讓我們自己的想法、信念或基模 [5]（西格爾使用「表徵能力」〔representational competence〕一詞來表示）得以進化，我們需要意識到，這些是如何與新經驗相支持或衝突（Sigel, 1993；Sigel & Kelly, 1988）。為了實現這一點，我們需要與當前持有的基模「保持距離」；對西格爾來說，教育者的工作是為這樣的距離搭建舞台，並鼓勵學習者反思他們的經驗所產生的影響。

在此借用另一位著名發展心理學家大衛・埃爾金德

5　Schema，心理學家以「基模」代表對一組人、物、事件或情境所進行的心理表徵，讓人們能快速輕鬆地找到思緒出路並做出相對理性的行為。

（David Elkind，1988 年）的說法，孩子們的生活往往如此「倉促匆忙」。而且，如果在 1988 年的當時，埃爾金德對這些少年的描寫確實精準的話，那麼這說法現今只會更加貼切。不僅學生倉促匆忙（或是被催促！）地生活——成人也是如此。對許多人來說，多工是一種生活方式，儘管研究人員不時地提醒我們，我們往往高估了自己能有效完成工作的能力。從學習的角度來看，這種忙碌的生活型態不利於我們從經驗中學習。為了解決這個問題，教育工作者需要給予反思的機會。這可以透過書面日記或小組討論來進行。縱觀本書，你會發現有許多創造反思機會的時機，以達到建立社會情緒及品格發展和學業的目標。

✂ 連結技能和美德

社會情緒學習和品格教育運動的融合，代表了人們越來越認知到將技能連結到美德的重要性（Elias et al., 2014）。技能就是建造的積木。用這些積木去建造東西，可以有許多種的形式。人們可以使用問題解決的技巧來避免爭執或者算計如何挑起爭端並避免被抓到。自信的溝通技巧可用於在需要時尋求協助，也能用於對同儕施壓使其做出錯誤的決定。

框格 2.1　鼓勵學生運用技能

一、命名（Naming）

■ 建立專門用語以作為技能或一套技能的簡語。

■ 舉例：「我們將練習**保持冷靜**作為緩解壓力的一種方式。」

二、建立動機（Building motivation）

■ 與學生一同瞭解這些技能為什麼會對他們的生活有所幫助。

■ 例如：在說明聆聽技巧時，請學生反思，當朋友仔細聆聽而不是忽視他們所說的話時，感覺怎麼樣。

三、示範（Modeling）

■ **向學生展示**如何善用社會情緒學習課程中的概念，比要求學生使用這些概念更有效。

- 舉例：當你介紹一個主題時，討論其對你自己的哪個人生階段很重要。
- 不必對事件進行任何細節上的討論。
- 你可以著重於職業生涯，而不是你的個人生活。

四、提示和線索的概念及以前學過的技能

■ **提醒學生**使用技能將會促進他們的技能歸納。

● 提問：「我們在10月的領導力主題談到的內容，如何幫助我們應對這種情況？」這些提示會隨學生三年在社會情緒學習的教學環境中累加。

■ 學生瞭解到社會情緒學習課程有助於提供建議和實用性的幫助。

五、歸納技能的教學法（Pedagogy for Generalizing Skills）

■ **回顧**（Review）

● 技能的歸納來自深度學習和指導性實踐。

● 回顧先前的活動，無論是針對在場的學生、缺席的學生及在場卻未能全神貫注的學生。

■ **重複**（Repetition）

● 學生不會在一堂課裡學會這些技能。

● 反覆練習有助於學生瞭解如何在不同情況下靈活地應用該項技能。

■ **提醒**（Reminder）

● **預期**：當你知道即將有機會使用新技能時，事前提醒學生將有助於他們使用該技能。

「品格」孩子的核心素養

- **視覺提醒**：在教室、輔導室、分組討論室、主要辦公室、公告欄上放置或張貼關於社會情緒學習主題和技能的海報、標誌及提醒事物（理想情況下由學生自己製作）。
- **見證**：使用分享圈（sharing circle），讓學生分享自己有效發揮技能的例子（或者分享他們當時如果記得應用就可以讓這些技能發揮作用）。
- **提示**：發展語言和非語言的提示來提醒學生使用技能。

■ **強化**（Reinforcement）

- 學生特別樂於接受來自成人和同儕的讚賞。所以要特別注意學生是否「實踐」社會情緒學習的主題。

■ **反思**（Reflection）

- 將反思融入社會情緒學習活動。
- 反思的機會（進行討論、寫日記等），培養深思熟慮的習慣。

　　然而，談論「美德」會引發一些重要的問題：哪一些美德？有所謂的清單嗎？是一組優先事項或加權（weighting）？家長是否與學校共享這些優先事項？校內的教職員是否有共

享的優先事項？在任何道德複雜的情況下，多重的美德，甚至有時相互衝突的美德都可以發揮作用。環境和學習經歷有著核心的角色（我們都熟知，有些時候「誠實」必須與「尊重他人感受」一起衡量）。充其量，美德為行為提供了一套指導原則。而學生需要社會和情緒能力，以在各種給定的情況下想清楚正確的應對方法。

學校領導者如何推廣促進美德的相關討論，遠遠超出本書的涵蓋範圍。對於課堂上的教師們來說，重要的是要瞭解少數的幾項美德，將如何有助於引導社會情緒和品格發展，並將這些美德融入課堂預設的討論之中。為了開展這個過程，我們針對這個議題概述了一些方法：

✂ 特色優勢方法 （Signature Strengths Approach）

以下的這些美德──也稱為「特色優勢」（signature strengths）──被認定普遍地存在於所有文化及主要的宗教之中。有人提出，對於這些美德，人類具有進化傾向，顯現這些行為早已出現並持續存在著，因為每個行為都解決了一個關於生存的問題（Dahlsgaard, Peterson, & Seligman, 2005）。

勇氣：情緒優勢，涉及在面對外部或內部的對立時，運用意志來完成目標；例子包括勇敢、堅毅及真實性。

　　正義：公民優勢，構成健康社區生活之基礎；例如：公正、領導力、公民意識或團隊合作。

　　人道：人際優勢，涉及「照顧和友好對待」他人；如愛和善良。

　　節制：防止過度的優勢；例子包括寬恕、謙遜、審慎及自我控制。

　　智慧：認知優勢，涉及知識的獲取及使用；例子包括創造力、好奇心、判斷力及觀點。

　　超越：與更大宇宙建立連結從而提供意義的優勢；例子包括感恩、希望及靈性（Dahlsgaard et al., 2005, P. 205）。

✂ 精進我們的技能並激勵品格（Mastering Our Skills and Inspiring Character, MOSAIC〔馬賽克課程方法〕）

　　美國羅格斯大學的社會情緒和品格發展實驗室（RutgersSECDLab），與低收、弱勢、城市少數族裔的學生攜手合作並確立了一套美德，他們認為這些美德構成精通學科內容的動機，以及勝任社會、情緒、及道德行為的基礎。馬賽克課程方法（MOSAIC approach）採用螺旋形的課程模

式，將社會情緒學習和品格美德的指導以三年的期間來進行整合（www.secdlab.org/MOSAIC）。要注意，每一種美德的效價——即有幫助的作法是請學生考量以下每種情況，如果欠缺前面的形容詞，究竟會造成什麼樣的差異。

（1）積極的目的
（2）樂觀的未來意識
（3）負責任的勤奮
（4）樂於助人的慷慨
（5）富有同情心的寬恕和感恩
（6）有建設性的創意

知識就是力量學校計畫（KIPP Schools Approach）

實行「知識就是力量」（Knowledge is Power Program，簡稱 KIPP）體系思維的各個學校，都強烈地認同金恩博士（Martin Luther King Jr.）的話，他說：「智力加上品格——這是教育真正的目標。」因此，KIPP 的學校體系有意識地培養學生品格作為學業卓越的關鍵要素，他們採用下列的結構框架：

熱情（Zest）：以振奮、充滿能量來接近生活；感覺精

神抖擻又充滿活力。

　　例證指標：積極參與；表現出熱情；鼓舞他人。

　　自制（Self-Control）：調節個人的感受及行為，表現自律。

　　例證指標：在上課前做好準備；專心一致而不分心；保持冷靜即使在面對批評或其他被激怒的情況；控制脾氣。

　　感恩（Gratitude）：覺察到並感謝自己所擁有的種種機會，和未來美好事物發生的可能。

　　例證指標：肯定其他人的付出；表現出對他人的感謝之意；讚賞及／或對自己所擁有的機會表示感謝。

　　好奇（Curiosity）：對體驗感興趣並為了學習而學習新事物；發現事物令人著迷的一面。

　　例證指標：渴望探索新事物；提問且回答問題以加深自己的理解；積極傾聽他人的意見；提出適當的探索性問題。

　　樂觀（Optimism）：對未來懷抱最好的期許，並努力地加以實現。

　　例證指標：快速地克服自己的挫折及障礙；相信努力就能改善自己的未來；可以明確表達對未來的積極志向，並將當前的行動與這些志向加以連結。

　　恆毅力（Grit）：做事情有始有終；無論面對何種障礙也要完成一件事；結合堅持和韌性。

例證指標：完成自己所開始的任何事情；即使在歷經失敗之後仍努力嘗試；儘管面對令人分心的事物，但仍能專注地獨立工作。

社交智商（Social Intelligence）：瞭解他人和自己的動機和感受；在較大和較小群體中都有明辨事理的能力。

例證指標：面對與他人發生的衝突也能夠找到解決方案；尊重他人的感受；知道接納包容他人的時間點和方法。

綜合以上所述，社會和情緒技能需要以美德為指導準則；而美德則需要以技能來體現。由於美德是指導方針（guideline）而不是操作說明（instruction），所以重點是要反思我們如何將這些美德／特質付諸行動，以進一步磨練我們對其細微差別的理解。

註記

1. www.nytimes.com/ 2018/ 05/ 29/ magazine/ malcolm- gladwell- likes- things- betterin-canada.html (accessed 16 October, 2019).

「品格」孩子的核心素養

第三章

營造支持社會情緒和品格發展的班級風氣

　　當你前往餐廳享用一頓美食時，你希望那裡環境友好、舒適、平靜、井井有有條，並且專業。如果食物很棒但氣氛很糟糕，那麼你之後就不太可能再次光顧，而你最可能記住的不是食物，而是是一片混亂的環境。

　　我們的學生來學校上課也是同樣的道理。他們希望處於一個有利於他們學習的氣氛——友好、舒適、平靜、井井有條、專業，同時令人感受到溫暖、支持及關懷。如果課程內容很理想，但氣氛很糟糕，學生不太可能渴望回到教室，他們也不太可能記住那些課堂上所教導的事物。

　　很顯然地，社會情緒和品格發展、班級風氣和學習，彼此之間有著密切的關係。當班級社群（the classroom community）的成員將社會情緒和品格發展融入自己的行為時——展現出同理、尊重的溝通、自我控制等——隨著關係

的加深及衝突的減少，班級風氣會因此改善。正因為如此，班級生活的日常組成部分提供了自然的機會，給社會情緒和品格發展的成長，以及學習的興旺。

　　儘管我們希望事情就如此順利，但我們教室的那道門檻，並非是學生一旦進入就能產生熱情並準備好學習的神奇之門。毫不意外地是，我們得知：

　　研究顯示，那些被認為具有更大凝聚力和目標導向，更少混亂和衝突的班級，和成就水準有強烈的關聯性。研究也顯示，班級風氣可能對來自低收入家庭和經常受到歧視的群體有著更巨大的影響。

（Adelman & Taylor, 2005 , P. 89）

✂ 實踐社會情緒和品格發展的關懷社群

　　個人與群體之間的社會情緒和品格發展功能有著深厚的連結。社群成員的個人社會和情緒能力的集合，有助於這個集體的性質——在一個成員時常表現出對彼此同理的群體，相較於成員欠缺同理的群體，他們的感受及運作方式會截然不同。正因為如此，共同的規範和期望，會形塑個人的技能表達——在一個不時練習同理的社群，其成員就會延續這種行為。

　　　　　　　　　　　　　　「品格」孩子的核心素養

在實踐上，這意味著我們若沒有考量社群的性質，就無法應對個人的社會情緒和品格發展。社群提供了肥沃的土壤，讓個人的社會情緒和品格發展得以茁壯成長；制定社會情緒和品格發展也同樣滋養了土壤中的養分。正如傑克遜（Jackson）、博斯特羅姆（Borstrom）、漢森（Hansen）及其他人所熟知的理論（1993年），學校有「道德生活」──基於該社群成員的期望，學校「教導」學生規範和常規。環境為行為提供了線索。當環境中互動的現實，與基於價值和規範的修辭（使用的語言）背道而馳時──學校裡的成人做不到「言行一致」──學生們目睹的是虛偽。

- 學校的成人是否以尊重的口吻談論他們的學生、尊重地和學生相處？和其他的成人也是一樣嗎？
- 學校社群是否歡迎不同文化的個體？那些可能處於邊緣的人是否獲得不僅僅是言辭上的安全空間，並且實際上也體驗到完整參與社群的主動性和賦能？
- 哪些成就可以得到公開的獎勵？
- 在多大程度上，學生有機會以有意義的方式為自己的學校社群做出貢獻？在多大程度上，學校社群積極參與為改善校外的人努力做出貢獻？

在本章節中，我們將為教師們一一說明可以採取的步驟，以最大地發揮他們課堂上社會情緒和品格發展的潛力。

＜ 在起點之前就已開始

藉由關注教室中的布置和外觀，我們就能開始在班級建立社群，甚至是學生們還未進入教室之前。正如西奧多・施澤爾（Theodore Sizer）和南茜・施澤爾（Nancy Sizer）所提醒我們的一樣（1999 年），教育工作者總是不斷地向學生發送訊息——無論他們是有意或無意——因此，學生也都盯著看。當進入教室時，他們看到了什麼？在一個精心設計的社會情緒和品格發展教室中，空間本身將有助學生成為班級社群中有知識、負責任、尊重的、非暴力及關懷的成員。藉由教室的牆壁，作為突顯學生成果的空間來支持社會情緒和品格發展的努力，這些作品展現學生一系列的優勢——學科作品、以及藝術、攝影等。許多視覺輔助及提示被張貼展示，以提供有需要的學生使用，教師對於這些學習者的關注顯而易見。在教室內傢俱的布置陳列，雖然教師可能面臨限制，但這些桌椅的配置可以盡可能地反映對互動的期望，並讓學生可以面對面回應彼此。

進入課堂的轉換，不僅僅關於無生命的物件。或許，最重要的氣氛設定因素，就是學生進入教室時所遇到的教育

者。教師可以採用一種足夠強大的技能來定下基調，示範溝通技巧，並表現出關懷和關切。幸運的是，這是一種相當容易掌握的技巧——當每個學生進入教室時，叫出他們的名字來打招呼。這不只是一種社交禮儀，它可以對行為產生真切的影響。例如：奧戴（Allday）和帕庫拉爾（Pakurar）發現（2007 年），當教師開始在教室門口和有行為問題的學生打招呼時，課堂上的專注行為明顯地增加了。「回應式教室」（Responsive Classroom，www.responsiveclassroom.org）計畫所進行的大量研究也有類似發現，他們的特色是一天開始時的問候和晨會，已有證明成果可作為改善學生社會情緒和學業發展的基石。正如我們喜歡進到家門、禮拜堂或公司時受到熱情的迎接一樣，每個年齡層的孩子都喜愛在進入教室前被熱烈歡迎。以他們的名字溫暖並個別地歡迎，就能為學習定下基調！

協助轉換到學習的清單

☐ 以一種反映你以學生為中心、以社群為導向的學習目標那種方式來配置你的教室，座位安排可以讓學生看到彼此並直接參與討論。

☐ 當學生進入教室時，個別地稱呼他們每個人的名字來歡迎他們。

□ 以強調學生一系列優勢的方式來張貼學生的作品。

□ 讓各種陳列（如公布欄）反映學生群體的多樣性。

□ 採用視覺輔助教材及提示，讓學生都看得到並從中受益。

□ 展示班級規則及／或班級的核心社會情緒和品格發展技能及原則的視覺提醒，並頻繁地參考這些內容。

上述清單，旨在反映任何走進教室的人都看得見的最佳實踐方式——都是基於可觀察的事物，而不是需要推斷的特質屬性。

⦉ 班級互動

社區心理學家吉姆‧凱利（Jim Kelly）針對一首爵士歌曲的副歌歌詞加以修改（1979 年），他表示，講到了造成影響這件事，「重點不是（只是）做什麼，而是怎麼做的。」（*Tain't〔just〕what you do, it's the way that you do it.*）我們都曾經歷過不協調的狀況，如表面看似善意的行為傳遞著明顯的消極性、不情不願地提供協助，或一項重要議題的討論卻充滿著無聊。我們所教導的內容當然至關重要，但這些內容所傳遞的方式，可以成就或破壞班級的社會情緒和品格發展風氣和學科學習。例如：溝通中的非語言成分提供的後設

「品格」孩子的核心素養

訊息（meta-messages），可以傳達出比實際語言更多、更準確的資訊。儘管我們盡了最大的努力，但我們的真實情緒，很容易出現在非語言的「滑點」（slippage）中。對於教育者來說，這表明了真實性的重要；充分表現耐心，例如，在當下真正地懷抱耐心。教育者還必須對學生的非語言線索保持敏感，這些線索可能表示困惑或不參與，並幫助學生指認出這些感受並學會恰當地表達感受。

我們給予學生的回應，可以打開或是關閉學習社群的大門。其中有一些是簡單的行為增強——如果學生提出錯誤的答案時感到尷尬，他就不太想要進一步參與。教育者可以對錯誤的回應，或「我不知道」的回答，以一種標準化的方式回應錯誤，作為學習過程的一部分。我們提出問題的方式也可以吸引學生參與討論。開放式問題可以鼓勵超過一個字詞的答案。即使已有人提出一個令人滿意的回應，也能尋求其他不同的觀點來激勵有發散性、有創造力的思維。「等待時間」——在提出問題之後，允許有時會令人不安的一陣沉默存在——這可以讓學生在回答之前進行思考，甚至讓那些反應可能較為緩慢的學生有機會參與。

在一個學習的班級社群中，學生將與你一起領導並投入貢獻。可以鼓勵學生協作、互相幫助，以兩人一組或小組的方式來討論重要的想法。學生可以幫助缺席的同學趕上進

度，較快完成課堂作業的人可以幫助那些需要協助的同學。協作工作可以作為學生反思他們的互動、闡明優勢及改善目標的起點。許多教師使用「分享圈」（sharing circle，請見 P. 54 框格 3.1）等形式來協助建立班級社群。

框格 3.1　分享圈

許多人熟悉某種形式的「圍圈時間」（Circle Time）或「班級會議」。社會情緒和品格發展的作業方式與分享圈、班級會議有幾個交集。我們會在討論中採用「分享圈」這個名詞，同時也認知到它有其他許多不同的名稱（晨會、團隊聚會〔Team Huddle〕等等）。

結構。分享圈在形體上可以有多種形式。顧名思義，圍圈是首選的一種形式，讓學生對著小組成員說話，而不是對著他人的後腦勺。如果後勤設備上允許全班同學一同開會，那就太理想了。如果不行的話，那麼就可以採用較小的分組進行。

將分享圈視為一種儀式。必須是定期實施的事務，而不僅僅是因為「有需要」。有一些教師將它當作轉換的儀式，標記一天的開始及／或結束，或從午餐、休息時間回來的切換。

　　　　　　　　　　　　「品格」孩子的核心素養

一個代表「話語權」（Speaker Power）的物件（一支魔杖或絨毛玩偶）可以是很有效益的工具，用來具體化一次只有一個人（持有話語權物件的人）有話語權的概念。

在分享圈（甚至是一整天！）中，建立非語言的訊號也有很大的幫助。例如：拍拍自己的胸口是表示同意。

功能。在分享圈中分享的內容是什麼？這個場所能起什麼作用？

作為一種轉換的儀式，「內容」可以是相當基本的一些事，例如：要求學生用名字向一位同學打招呼。有些教育工作者會要求學生分享自己的新鮮事或採用「入場卷」（check in）確認他們的感受。我們曾經看過有教師在每個段落開始時請每位學生將自己這一天的學習獻給某人或某事。

分享圈也可以作為在班級特別著重社會情緒和品格發展的空間。它可以作為討論班級規範和期望的地方，並反思班級在這些規範及期望的表現及可能需要哪些改變。它可以作為介紹並練習貫穿本書所介紹的技能的場所。隨著分享圈成為班級常規的一部分，它可以作為進行困難對話的一種形式。

分享圈也是建立社群的機會，讓學生瞭解彼此。這可

以藉由提出問題來進行，讓學生發揮自己的想像力，也同時分享跟自己有關的一件事：

■如果你可以擁有任何一種超能力，你會選擇什麼，為什麼？

■如果你可以成為任何一種動物僅僅一天，你會選擇什麼？為什麼？

彼此瞭解也可以透過與學習內容相關的方式進行：

■如果你可以和書中的任何一個角色共度這一天，你會選擇誰，為什麼？

■如果你能夠回到過去，見到我們上課時所提及的某位總統並向他提出問題，你會想要見到哪一位總統？你會提出什麼問題？

■你認為工業革命時的哪一項發明帶來最大的幫助，你為什麼會這麼認為？

■你覺得科學實驗的哪一個部分最令人興奮，為什麼？

在一個學習社群裡，最常聽到的是社會情緒和品格發展語言。教師不僅要示範尊重行為，也要討論他們自己的情緒，並詢問學生們的情緒。示範社會情緒和品格發展技能，不僅僅涉及促發正向的行為；它也涉及有聲思考（thinking

「品格」孩子的核心素養

aloud）[6]、分享思維的過程，以便學生可以一瞥出現在「一個人的腦海裡」除此之外不可見的行為。

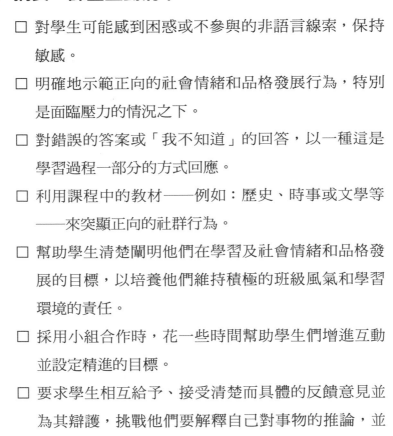 摘要：課堂互動清單

□ 對學生可能感到困惑或不參與的非語言線索，保持敏感。

□ 明確地示範正向的社會情緒和品格發展行為，特別是面臨壓力的情況之下。

□ 對錯誤的答案或「我不知道」的回答，以一種這是學習過程一部分的方式回應。

□ 利用課程中的教材——例如：歷史、時事或文學等——來突顯正向的社群行為。

□ 幫助學生清楚闡明他們在學習及社會情緒和品格發展的目標，以培養他們維持積極的班級風氣和學習環境的責任。

□ 採用小組合作時，花一些時間幫助學生們增進互動並設定精進的目標。

□ 要求學生相互給予、接受清楚而具體的反饋意見並為其辯護，挑戰他們要解釋自己對事物的推論，並

---

6 又稱「出聲思維」或「放聲思考」，指在過程中隨時將操作的方式和原因，甚至是感想等資訊大聲地分享。

鼓勵他們投入問題的定義及解決。

□ 採用兩人一組、小組合作、學伴（buddying），在一
　般情況下允許學生互相幫助，協助缺席的同學趕上
　進度等。

□ 讓提前完成工作表或書寫任務的學生幫助其他可能
　碰到困難的人。

□ 使用提問策略（例如：提出開放式問題、使用「等
　待時間」並激勵更多的回答），這些提問策略可以
　培養有發散性、有創造力的思維並增強多元意見的
　存在。

⤳ 行為期待

　　與所有的社群一樣，班級規範和期待有時會被違反。違
規行為創造了關鍵時刻，對於違規行為的反應可以促進或扼
殺社群的感受。往往就是在這些時刻，最難以維持強化社群
的立場，以及示範尊重、關懷的行為。最起碼，規則應始終
如一地被執行，正向的行為也應被識別、加強。此外，以社
會情緒和品格發展為依據的班級管理方法有助你積極主動，
並在必要時刻以維持關係和培養技能的方式做出反應。這要
從如何建立規範開始。

⋖ 建立規範

套用一句老話，防患於未然，事先預防勝於紀律處分。建立社群本身，就可以在促進正向行為方面發揮作用——當學生感覺到與你、與同儕以及與學校有更加緊密的連結時，他們將更願意遵循社群的行為期望。許多教育工作者採取的一項重要預防措施，就是讓學生參與過程，共同制訂和監督規範與行為期望。

例如：以下的提示是關於班級規範的討論，採用了馬賽克課程方法的內容（www.secdlab.org/MOSAIC）：

- 說明規範是我們在班級社群中如何共同努力而制定的約定。
- 相關討論問題
  - ✓ 我們為什麼都同意這些規範很重要？
  - ✓ 我們如何幫助彼此負起責任來遵守這些規範？
  - ✓ 當這些規範需要更改或增加某些內容至清單上，我們決定的方式是什麼？
  - ✓ 在我們制定這套規則時，已經建立的一項規範是什麼？（例如：一起工作、尊重地聆聽、共同協作等。）

✓ 還有哪些其他規範可以幫助我們作為一個社群來
　共同學習？

註記：針對班級如何彼此溝通、處理分歧進行真實評
論，以作為總結。如果過程不順利，請說明這些都是
你們將要繼續設法努力的領域，並且你也確信在接下
來的幾星期內，他們會明白要如何順利地合作。

　　許多教師藉由制定班級的「章程」來形式化這個過程，
並制定最能促進學習的規則（請參見附錄 A 的班級章程範
例）。就如同任何一套法律制度，班級章程必須是一份有效
的「活檔案」；它在教室中被顯著地展示是有必要的，但最
終仍不足以獲得成功。確認學生的狀態很重要；在遵守約定
方面，要求他們反思班級在作為社群方面表現如何。例如：
有哪些元素特別難以遵從？就此而言，有什麼可以讓你更成
功的建議？是否需要加入新的約定？有什麼需要調整改變的
嗎？這種以社群為導向的行為目標設定，也可以在個人層面
完成，可以藉由「傳承目標」（Legacy Goals，請見 P. 61 框
格 3.2）來設定。

框格 3.2　設定傳承目標（適用對象為三年級及以上學生）

在學年開始之時，並在一月份或在第一、第二及第三次的評分期之後，向你的學生提出這樣的概念：

　　想像一下，在六月學校將有一場全校學生都出席的大集會。校長會點名每一位學生，並告訴所有人在這一整個學年中你完成了哪些事情將被人們記住。這就是你的傳承——你希望人們記得你的那些最重要的成就。我接著將發下一些索引卡，請你寫下你希望校長在學期末的全校大集會上提到你的時候會說些什麼。

在十二月底或第一次（以及第二次、第三次）評分期結束時，重新審視關於傳承的聲明。給學生另一張索引卡，然後問：「你能做些什麼讓校長更有可能說出你想要的那些傳承？」這也是一個機會，讓學生可以修訂／更改自己在學年開始時所說的相關內容。

注意：這些「傳承索引卡」，在紀律處分的情況下也很管用。當學生行為不端時，可以詢問他們是否相信自己的這些行為有助於在學年結束時實現自己的傳承目標。通常，這種認知不協調有助於學生瞭解到自己的行為不符合自己的長期利益。

◁ 將社會情緒和品格發展納入班級管理

當然，即便是最佳的預防措施，也無法百分百地成功。違規的後果應明確地表述、公平地實行，並儘可能地「合乎邏輯」。採用尊敬的語氣嚴責，你沒有放棄權威和明確。相反地，你正在幫助緩和問題，並為處理衝突的規範示範。在同儕面前，當學生因為面對老師而感到尷尬時，自然會產生「戰鬥或逃跑」（fight or flight）的反應。任何一種隨之而來的升級或「戰鬥」，沒有人是贏家，雖然「逃跑」表面上可能是默許，但可能伴隨著揮之不去的怨恨及關係的損害。

在社會情緒和品格發展架構下的班級和學校，學生學習並練習的一些技能和技巧，有助於他們管理壓力的情況並有效地進行溝通。大多數的社會情緒和品格發展計畫都涵蓋了建立情緒調節技能的概念。例如：社會決策／社會問題解決計畫（Social Decision Making/ Social Problem Solving Program）就建議藉由以下過程幫助學生學習「保持冷靜」：（a）識別在面對眼前的壓力時身體的反應；（b）識別因為不良的自我控制而導致風險的困境；（c）建立「保持冷靜」的口頭提示（在教室四周進行視覺上的強化），藉由深呼吸及積極的自我對話來中斷戰鬥或逃跑反應（更多細節請參見第六章）。透過這種方法，教師還可以幫助學生學習並練習「BEST」溝通技巧（在第七章進行詳盡說明）。這個首字

「品格」孩子的核心素養

母縮略詞，可作為行為提示，代表自信溝通的四個核心要素：身體姿勢（**B**ody posture）、眼神交流（**E**ye contact）、說適當的話語（**S**aying appropriate things）及說話語調（**T**one of voice）。一旦衝突逐漸降溫，促進反思性的討論有很大幫助，無論是問題本身的性質、事件所涉及的感受和觀點，及可以解決問題的替代的、尊重的及和平的方式。

諸如「保持冷靜」和「BEST 溝通技巧」等方法都可以改變問題行為，幫助學生發展管理強烈情緒及壓力的能力。整個課程的過程中，都有許多機會來學習和演練這些技能。我們甚至發現，上述這些及其他社會情緒和品格發展技能，對於教育工作者管理日常工作壓力也有很大的助益（關於這主題更多資訊，請參見第六章內容）。由於我們的班級管理方法與本書所討論的能力有密切的聯繫，所以我們將於第九章中進一步詳細討論該主題。

◁ 摘要：行為期望和紀律檢視清單

☐ 請學生針對班級「章程」貢獻意見，醒目地張貼章程，並頻繁地提及章程，讓章程成為反思集體行為的出發點。

☐ 始終如一地執行規則，並強化積極正向的行為。

☐ 讓違規或衝突成為參與問題解決及尋找解決方案的

機會。

☐ 和學生談論他們的問題行為時，以尊重而且不讓他們感到難堪的方式來進行。

☐ 建立有助於學生主動預防問題行為的系統，例如：一個冷靜區讓學生正處於強烈的情緒時使用。

☐ 促進積極正向行為時，使用社會情緒和品格發展的語言。

☐ 設立一個非語言的指示讓學生「安靜下來」，而不是以大聲喊叫的方式。

☐ 給予學生責任去為班級社群做出積極的貢獻，例如：擔任監督的角色或協助布置。

☐ 介紹及練習自我控制和溝通技巧。

⋖ **你的班級風氣**

在促進積極的班級風氣方面有很多的切入點。教育工作者對日常課堂轉換、教學法及行為管理所做出的決定，將對課堂上發生的學習產生有意義的影響。你可能已經在做上述類似的事情了。現在是回顧本章節中清單的好時機。對於每一個項目，請思考：我目前在班級實施了哪些概念？在接下來的一兩個月之中，我想要嘗試在每個清單中的一兩個概念是什麼？

「品格」孩子的核心素養

當你實行這些概念時，你期望看到什麼效果？首先，你將創建一個朝向全人兒童教育願景邁進的班級，在此的所有學生都是健康的、安全的、有參與感的、被支持的，和迎向挑戰的。同樣地，紐澤西州學校健康與風氣聯盟（New Jersey School Health and Climate Coalition，sel.cse.edu/new-jersey-culture-and-climate-coalition/）描述了一個充滿積極風氣的學習型組織，這些特徵也一樣容易適用於班級。

一個充滿積極風氣的班級特點如下：

啟發的班級：社群以一套共同的價值作為指引，這些價值是固定的參考基準點。學生和教師需要花一些時間來闡明共同的願景和班級的核心價值。

具挑戰性的：課堂活動做差異化安排，以吸引不同程度和不同興趣的學生。學生擁有發言權來決定自己的教育目標和形塑自己的學習經驗。

支持性的：學生知道自己將可獲得在學科、社會、情緒和行為上所需要的支持，也有足夠的安全感來冒險以克服各種挑戰。學生知道自己的意見及觀點備受重視。

安全和健康的：促進身體、社會和情緒健康，都被視為每個人的責任。學生（連同教師）都確實是其他同學的守護者，幫助解決問題，及規劃問題行為的預防。

投入的：學生有能力在班級以有意義的方式行使選擇權及領導力。例如：學生有機會主持傳統的家長會議（parent conferences）。

尊重的：學生之間及師生之間的互動顯現了禮節和文明。學生瞭解彼此的文化（甚至可以與社會研究課程連結！）。

學習者社群：學生作為學習者積極地支持彼此，並為班級所有成員的成長負責。班上慶賀學習上的努力和成就，學生可以提名同儕及／或自己以表彰他們對這個班級社群的貢獻。

建立積極班級風氣的過程，是一種自我延續的過程；創建一個關愛的社群提供了能量，推進關係的深化和學習的進展。最初的些微增長就有助於維持改變的動力。學生（和教師！）開始為他們的努力感到更加自豪。

◁ 反思

本章包含以最佳方式組織班級的概念，來促進社會情緒和品格發展的成長以及學科學習。請見 P. 67 框格 3.3 中包含了幾個主要主題的總結。在我們開始探索將社會情緒和品格發展融入課程的具體方法之前，我們建議下面這些反思：

● 目前你的哪些課程實踐最能支持社會情緒和品格發展的

成長以及學科學習？最大的優勢是什麼？

- 你在課堂上支持社會情緒和品格發展的成長以及學科學習方面，最顯著的缺點是什麼？到目前為止，是什麼阻礙你解決這些領域？你將如何克服這個？

- 你在自己的課堂上最有效示範了哪些社會情緒和品格發展元素？是什麼促使你能這麼做？

- 哪些社會情緒和品格發展元素是你難以為學生樹立榜樣的？是什麼破壞了你示範的能力？你可以採取哪些步驟在這些領域建立你自己的社會情緒和品格發展技能？

框格 3.3　增強社會情緒和品格發展風氣之通用準則

覺察自己和學生的感受

■ 與學生分享你的感受。

■ 當正面和負面的事情發生時，要求學生標記感受。

- 詢問：「還有其他什麼感覺？」或「當這樣的事情發生時，別人可能會有什麼感覺？」

表現出同理，並嘗試協助學生理解彼此的觀點

■ 同理需要同時瞭解自己和他人的感受。

- 在社會情緒學習的課程當中，鼓勵學生反思他人在不同時間的感受——無論是正面或負面的事情發生之時。
- 詢問：「還有誰感覺到路易士可能有的這種感受？除此之外，他可能還有什麼感受呢？」
- 在社會情緒學習課程期間及課外，要求學生互相幫助來鼓勵彼此同理。

保持冷靜並遵循二十四克拉教育黃金法則 (24- Karat Golden Rule of Education)

- 保持冷靜
  - 和學生討論有關：
  - 在面臨壓力下保持冷靜的困難。
  - 你如何嘗試保持冷靜，並邀請他們談談自己如何保持冷靜。
- 將討論從**失去理智**的人，轉移至**保持冷靜**的人。
- 二十四克拉教育黃金法則：「**對待你的學生有如你期望他人對待自己的孩子一樣。**」
  - 同理學生和教職員的觀點。
  - 控制自己的衝動。

「品格」孩子的核心素養

- 察覺自己情緒難以承受的時刻，不要將情緒發洩到別人身上。
- 牢牢記住他人的長處。

保持積極態度，幫助每個人牢記大局

- 保持積極
  - 笑聲與我們的創造力及發明力有密切關聯。
- 整體的大方向。
  - 我們希望學生思考這將如何對他們的生活、學校或未來產生助益。

採用你的BEST社交技巧來處理關係

- 身體姿勢（Body posture）
- 眼神交流 （Eye contact）
- 只說適當的話語 （Saying the right words）
- 說話的語調 （Tone of voice）
- 「BEST溝通技巧」傳達我們尊重他人並想要與他們相處。
- 幫助學生在和彼此互動時能發展 BEST 技能。

資料來源：改編自 Novick, Kress, & Elias 2002

🔗 附錄 A：班級章程

〔範例一〕

權利和義務規則

　　根據紐澤西州里奇伍德的本傑明富蘭克林中學的洛琳・格林（Lorraine Glynn）和她六年級學生的作品加以調整改寫，由艾利亞斯和布魯納・巴特勒（Bruene Butler）於 2005 年發表。

學生

　第一條

　　權利：學生可以正確地使用教室。

　　義務：學生必須確保自己使用的任何物件都維持良好的
　　　　　狀態。

　第二條

　　權利：學生可以將自己的物件放在一張的桌子上。

　　義務：未經同意學生不得擅自觸摸他人的物品。

　第三條

　　權利：學生有權在不受干擾或辱罵的情況下表達自己的
　　　　　意見。

　　義務：學生如果想要分享想法，必須傾聽並等待。

　第四條

　　權利：學生有權坐在自己的書桌前學習。

義務：學生不會在肢體上（打或戳）或在精神上（以聲音或文字來分散注意力）干擾他人。

第七條

權利：學生有權在指定的時間內玩電腦遊戲。

義務：學生必須完成作業，並在遊戲前與老師確認。學生必須與其他學生分享使用電腦的時間。

教職員

第一條

權利：教職員有權要求學生不要碰觸教師的辦公桌或其他個人物件。

義務：教職員必須讓學生知道他們可以使用哪些東西、什麼時間可以使用。

第二條

權利：教職員有權提出上課時需要教導的題目。

義務：教職員必須給予學生足夠的時間來完成題目，並提供他們所需的各種協助。

第三條

正確：教職員有權在課堂上不受打擾，並且不受到侮辱性的評論（「這很無聊、這好愚蠢」等）。

義務：教職員必須允許學生在採用適當的行為時（一次一個人說話），平等地表達自己。

〔範例二〕

根據馬賽克課程方法的規範而改寫。

- 於馬賽克課程圈圈裡所說的話，只留在馬賽克課程而不外流。

- 一次一個人說話。

- 跳過的權利——如果你不想回答問題，則不需要回答。

- 沒有對話——馬賽克課程不是討論的時間，是分享你自己的想法和感受的時間。

- 尋求協助：你不是袖手旁觀，看著自己的學業難度越來越高，你必須要採取行動。

- 成為榜樣：有時候，只要做正確的事，就能為其他學生樹立榜樣。

- 幫助他人：當有人需要幫助時，竭盡全力地幫助他們。

- 尊重所有人：即使人們與你有很大的差異，你也要尊重他們的權利和意見。

- 輪流發言。

- 積極地參與小組任務。

- 傾聽彼此。

　　　　　　　「品格」孩子的核心素養

- 互相尊重。
- 鼓勵他人做出貢獻並堅持完成任務。

第四章

自我覺察及社會覺察

◁ 背景

在學術與社會情緒學習協作組織（CASEL）的社會情緒學習框架中的五個核心能力，自我覺察和社會覺察代表了兩個不同的領域。雖然，對於這些領域中所組成的元素有各種的描述，但大多數的描述都一致認同以下內容：

自我覺察是指：

- 感受詞彙：認清自己的感受和想法並準確地加以標記。
- 感受意識：認清自己的感受和想法對自身行為的影響。
- 自我評估：認清自己的個人特質、優勢及有挑戰的領域。
- 自我效能：應對日常任務及挑戰時，表現出積極主動的自信。
- 樂觀主義：以積極的期望展望未來，包括對自己行動上的成功。

社會覺察指的是：

- 觀點取替：認清並識別他人的想法和觀點。
- 同理：認清並識別他人的感受。
- 瞭解社會／道德規範：展現出對各種場合中社會互動期望的認知。
- 尊重多樣性：展現對個人、群體和他人文化背景之間差異性認知，並在觀點分歧時展現出需要相互尊重的理解。
- 社會支持：認可家庭、學校和社群的支持。

　　當然，第一件事會讓你感到震驚的發現，是自我覺察（self-awareness）有一個連字號，而社會覺察（social awareness）沒有。這幾乎是從字面上反映自我覺察是屬於內在的，全然地關於我們自己，而社會覺察則是關於分離，是我們與他人的關係。基於教學上的目的，我們將它們包含在同一個領域之中，因為我們認為兩者是相互關聯的。

　　無獨有偶，約在兩千年前，古聖希勒爾（Hillel）[7] 就曾表達過這種關聯性：

7　猶太宗教領袖，據傳他生於大約西元前 110 年的巴比倫，西元 10 年去世於耶路撒冷。

如果我不為自己，誰會為我？

而如果我只為自己，那我是什麼？

如果不是現在，那會是什麼時候？

神經科學已經證實，希勒爾也已憑直覺知道：人無法將自己的自我意識從對他人的連結及承諾分離。沒有社會覺察的自我覺察，最終是自私。這也是一種教學法的見解。我們學習到，自我覺察是來自他人的一種映射。個體的神經生物學發展，受到兒童的社會、文化環境及同儕和成人關係網絡的影響（Cantor, Osher, Berg, Steyer, & Rose, 2018）。理解一個人的環境與一個人的自我理解密不可分。對於兒童來說，這意味著他們首先學會識別並命名他人的感受，然後才能將這個過程應用於自己身上。「自我覺察」這個詞彙因而產生。這不是指孩子沒有感受以及對感受沒有反應，而是孩子會首先學會在別人身上標記的過程。當然，將此描述為前後順序並不準確。這兩種過程都是反覆的運作。但從我們的觀點來看，起點是能夠準確地認清他人的感受，然後建立對自己的連結。

所以，希勒爾說得對——「為自己」也意味著為他人，也讓他人為你。只為自己，並不是一種正常而健康的人類狀況。因此，「那我是什麼？」顯然地，不是一個有品格的人，

　　　　　　　「品格」孩子的核心素養

也不是一個「正直的人」。

　　當我們研究如何培養不同的技能時，值得注意還有其他幾點。首先，我們持續認識到情緒對於日常學習和行為的重要性。早期與社會情緒學習相關的計畫大多是關於認知和行為，並認定情緒會對於「理性」解決問題會造成一種注意力的分散。情緒應該被控制，而不是被理解為一種重要的資訊來源。隨著我們對情緒在人類功能所有面向的作用有了新的認知，很明顯地，兒童需要瞭解如何準確地「閱讀」自己和他人及不同媒體（例如：藝術、音樂和文學）中的情緒。隨著孩子年齡逐漸增長，我們需要擴展他們的情緒詞彙，以及隨著情況變得緊張、情緒信號變得複雜時，他們可以正確地關注情緒的能力。

　　第二，大多數的人認為同理是社會覺察的一部分。然而，基於教學法而非概念性的原因，我們將同理作為下一章的重點。在本章節中，我們強調與社會覺察密切相關的同理要素：**認清他人的感受**以及在溝通中所需的**有效聆聽技巧**。在下一個章節中，我們將聚焦於**深入瞭解什麼可能引發感受和觀點取替**。

　　一個人偵測另一個人真實感受的能力（相對於如果你是那個人，你認為他可能會有何種感受）是同理的基礎。在此採用「偵測」一詞是有意為之，因為要辨別他人的感受需要

一些如偵探般的功力。人必須學會尋找線索，並根據文化、性別及其他情況來準確地解讀線索。這需要細心的關注，知道要注意哪些事，並堅持不懈。

關於觀點取替或許沒有人比羅伯特‧塞爾曼做得更久更好了。他指出，觀點取替從自我中心（我的觀點是唯一的觀點，或者至少是唯一重要的觀點）發展，到能夠看見另一個人的觀點，到能夠立即協調多個不同的觀點（例如：在課堂、家庭及職場中必須做的那樣）。這不是孩子能確實掌握的技能，事實上多數成人都仍在不斷地努力中。塞爾曼和德雷（Dray）提供了一個有趣的案例（2006年），說明當孩子受到同儕虐待、騷擾或霸凌時（這確實取決於同儕的情況），會採取觀點取替的不同路徑。根據孩子過往的經驗以及他對於參與行為的那個人的看法，他可能傾向不太看重這件事，或直接對此做出回應。即使在這兩種概括的選擇之中，仍有許多選項。最終的選擇受孩子準確地理解施暴者觀點的能力的影響（而不是主要受個人當時感受的影響）。因此，舉例來說，一個孩子意識到施暴者並沒有故意找他麻煩，可能會忽略這種情況，或者堅決地維護自己；情況可能相同，但另一個孩子因其他原因而感覺脆弱和受到威脅，可能不會注意到環境中的線索，因此可能憤而猛烈回擊或稍後威脅報復。

顯然地，協調多種觀點的能力包括一個人自己的自我覺察將會影響採取的行動。對此，至關重要的是準確地解讀他人不同感受的跡象，並理解他人可能正在經歷的事情。無論如何，「瞭解他人的觀點」是在學校與其他學生或成人進行有效社會行為的關鍵要素。當然，在解讀學生的行為時，這同樣也適用於成人。事實上，教師所面臨的最大挑戰之一，就是在每學年一百八十個教學日中的每一天辨別多位學生的觀點。難怪這個職業的工作如此繁重，即使是在「輕鬆」的一天！

　　在我們介紹與目標技能（在此情況下，自我覺察和社會覺察）相關的具體活動之前，我們將會在本書中討論日常的班級常規如何為技能成長奠定基礎。

✂ 為自我覺察及社會覺察奠定基礎

　　　　透過其他人我們看到自己是什麼人。

　　　　　　　　　　　　（關於 Ubuntu 烏班圖哲學的傳統引述）

　　　　我看見你，所以你在。

（引自傳統 Zulu 祖魯語的問候語）

✂ 設定規範

　　社會覺察最基本的應用之一，就是規範的概念。關於我

們在班級及學校該如何相互對待的問題，如何維持安全感和尊重，以及如何確保我們能成功地展開學習，規範便是答案。兒童東北基金會（Northeast Foundation for Children）所發表的著作《學校規定》（*Rules for School*，Brady, Forton, Porter, & Wood, 2003 中文書名暫譯）——回應式教室教學法（Responsive Classroom Approach）的一部分——清楚且徹底地概述了建立規則的協作方法，其中包含有意義的學生意見。藉由聽取學生的意見，尤其是小學中高年級的學生，他們更有可能理解規則不是為了懲罰或限制，而是有益的。當學生清楚地瞭解到什麼是預期的行為，什麼是可接受的，什麼是不可接受的，以及他們違反規則時會有什麼預期後果時，他們就會明白紀律並不意味著懲罰。儘管如此，為了確保學生在接受後果時不會覺得受到懲罰，經常地回顧這些規範，並解釋制定這些規範的原因，會帶來很大的價值。當學生的行為顯現這些規範無效時，可以重新審視這些規範。最後，越來越多的學校正在採用修復式實踐（Restorative Practice）作為其規範體系的一部分。有許多資源，有助於那些有興趣引入這個看似簡單的過程的人。在第三章中，我們也介紹了規範的概念，並將於第九章提供關於行為管理和後果的更多細節。

自我覺察和社會覺察都要求學生擁有感受詞彙，超越慣

「品格」孩子的核心素養

常的「不爽」、「開心」及「無聊」等詞彙。瞭解自己和他人的感受範圍，是社會情緒能力／情緒智慧的組成要素。以下，我們將描述發展一套感受詞彙的活動。現在，我們好好思考如何讓感受成為日常慣例的一部分。教師可以用關於感受的海報或許由學生製作來布置教室。一整天下來，他們可以不時分享自己的感受。可以要求學生進行感受的「入場券」（check in）活動。這可以用多種不同的方式進行。例如：在一個分享圈（如第三章所述），可以要求學生分享一個詞來描述自己的感受。或者，學生可以利用寫有他們名字的磁鐵或木籤在班級感受圖表上標記自己的感受。

自我覺察和社會覺察的一般策略

我們發現，將討論精簡為三個類別的技能很有幫助：

（1）擁有豐富的感受詞彙，並明白不同的感受如何以非語言的形式表現出來（以及人的身體如何感覺這些知覺；請參見第六章）。

（2）認清和尊重自己和同儕的信念和看法。

（3）瞭解哪些情況和信念可能會導致某種感受；查看造成感受的「起因」。

⋖ 口語和非口語表達感受

我們發現，一種有效的策略是建立情緒詞彙來描述涉及他人的情況（無論是真實的或描繪的），然後將這些詞彙應用於自己身上。為了符合你學生的特定發展年齡和文化背景，以下是可以使用、修改或是調整的建議。我們從多個課程的範例中調整了這些活動（Elias & Arnold, 2006；Elias & Bruene, 2005b，2005a）。

⋖ 感受記憶配對遊戲（小學階段）

（1）收集以兒童面部為主的表情照片或手繪的表情符號圖片每種感受都要有一對。這些感受可以包括快樂、悲傷、憤怒、生氣、沮喪、驚訝、興奮、自豪、不確定、擔心、害怕、緊張、愚蠢或嫉妒。對於年幼的孩子，從四種不同的基本感受開始，然後當他們進一步掌握的時候再增加項目。在進行遊戲之前，與學生一起檢視這些感受，並詢問什麼時候可能會產生這些感受。對於較年長的學生，可以考慮讓他們在空白牌卡上畫上一對或兩對感受（或帶上這些感受的照片）。

（2）將這些牌卡有感受的那一面朝下，把它們混在一起。請一位學生翻開一張牌卡，然後試著翻出一張配對的牌卡。如果他拿到了配對的牌卡，這兩張牌卡就從遊

「品格」孩子的核心素養

戲中取出，接著再進行一次。當他們拿到配對的排卡時，請孩子說說自己曾經有過那種感受的時候（藉此培養他人和自我覺察的連結）及／或當他們看到另一個人有這種感受的時候。這適合兩個至三個學生一起玩；如果你和學生一起玩，請嘗試藉由「輸掉」該回合來延長遊戲。學生也可以單獨一個人玩，最後以成功地完成所有配對為目標。

（3）繼續進行幾個回合。不要強調誰得到的配對牌卡最多，而是關注（單一或多個）學生完成所有牌卡的速度。

附加活動（較年幼學生）

首先解讀感受：使用故事書給學生大聲朗讀。在故事中暫停，然後詢問學生人物正感覺到的感受及他們是如何得知（他們從何得知這個人物是悲傷、憤怒、快樂或興奮等）。

猜猜他人感受：藉由展示照片並讓學生猜測人們的感受，來幫助學生學習識別他人感受下的身體跡象。作為該活動的一項後續，要求學生注意並嘗試透過面部表情和肢體語言來識別人們的感受。

⤜ 感受搶答Feelings Jeopardy[8]（中學）

（1）使用「搶答」的遊戲形式來幫助學生定義情緒語詞。

（2）答案是定義；問題則是：什麼是〔一種感受〕？

（3）舉例如下：

● **感受 100**：焦慮。問題：當你面臨不確定或未知事物或者你正面臨一些你認為會對你的幸福、舒適、社會地位或身體健康構成威脅的事物時，那會是什麼感受？

● **感受 200**：希望。問題：當我想到未來時，我相信會有好事發生，即使你現在可能正面臨著挑戰，那會是什麼感受？

● **感受 300**：自豪。問題：當你因為某項成就、品質或是技能而感到快樂、滿足和備受重視時，無論是你自己的或是你關心的個人或團隊的成就，那會是什麼感受？

● **感受 400**：愧疚。問題：當你違反了重要的規則或未能履行某一個重要的價值，尤其是你所持有也是你深切關心或尊重之人所持有的價值，那會是什麼感受？

● **感受 500**：背叛。問題：當你信任的人對你說了一個謊言而你相信了，或者以其他方式欺騙你，你因

「品格」孩子的核心素養

而感到愚蠢和受傷，那會是什麼感受？

你還可以創造一種感受桌遊（例如：類似大富翁，遊戲中的財產由各種感受組成，財產顏色則分別呼應不同類別的感受）。

附加活動（較高年級的學生）

感受猜謎遊戲：將班級學生分成兩組。給一位學生一張寫有感受語詞的卡片。這個學生必須以非語言的方式進行表演，而隊友們則要試著猜出那個字是什麼。然後，輪到另一組進行。遊戲的目標是看哪一個團隊能最快地認出表演者表達的語詞。

鏡子遊戲：在這個練習中，學生表演各種感受是什麼樣子。選擇兩名學生：一位當溝通者，另一位則當鏡子。向學生說明，當你閱讀下面的情境時，溝通者要做出面部表情來反映每個感受語詞。鏡子的職責是準確地模仿溝通者所做的表情。

情境範例：

（1）雅克塔為剛剛收到的一份禮物感到興奮不已，她很好

8　Jeopardy，原為一種益智問答遊戲節目的遊戲，這種遊戲形式帶入課堂在美國受到極大歡迎，學生可以分組比賽，許多教師利用它設計出許多有趣又刺激的複習學習遊戲。

奇禮物會是什麼。當她無法解開緞帶時感到很挫折，但最後打開時卻驚訝地發現盒子裡面是空的！

（2）荷西擔心他的小狗史派克，牠在房子外面過夜。他聽見門口傳來刮門的聲音，心裡懷疑那會是什麼。當他打開門就看到史派克，他十分開心。但隨後他想起了自己有多心煩意亂就變得憤怒了，但很快就沒事了！

（3）當班級旅行被取消時，安吉拉感到很失望，但當她的爸爸提議晚上去看電影時，她就開心了。

（4）一位學生正心滿意足地做著他的數學作業，這時碰到了一個難題而變得挫折。在嘗試了幾種解題方案後，他解決了這個問題，然後感到自豪和滿足。

附帶觀察的感受角色扮演

讓學生角色扮演各種情境，作為提高他們對自己及對他人感受的覺察，以及可以清楚地表達這兩者的能力，這將會有非常大的價值。

步驟一：針對每個情境挑選學生進行角色扮演，幫助他們做好執行這些場景的準備。

步驟二：指定一些學生在場景中主角身上尋找感受的跡象，而另外一些學生則在其他相關角色身上尋找感受的跡象。協助他們準備好隨時寫下所觀察到的東西。

「品格」孩子的核心素養

步驟三：演出情境，讓觀察者寫下自己的回答，比較這些答案，然後討論出一個共識。

步驟四：情境演完後，當觀察者還在寫回饋和討論的同時，讓角色扮演者寫下自己的感受以及他們認為自己如何傳達這些感受。

步驟五：讓這些扮演者進行分享，也讓觀察者分享，最好是寫下大家的反應，以供所有人查看並反思。討論相同和不同的意見及為什麼會存有這些差異。

情境範例：

（1）在某項活動中，你是最後一位被選中的人。

（2）你是一個群體的一員，但你的同儕忽略了你。

（3）你和朋友正在觀看一場校隊比賽而他們贏了。

（4）學校中的一位成人在走廊、學校餐廳或校車上對你大聲斥責。

（5）有人答應幫你帶來學校某件你完成作業需要的東西，卻又第三次忘記帶來了。

（6）有人誇獎你有一件事做得很好。

（7）你走在學校的走廊上，發現了一張二十美元的紙鈔。

（8）你被要求參加學校校隊或一個表演團體的選拔。

（9）當你和一些朋友在一起時，你得知一位家庭成員生病

的壞消息。

（10）有一位朋友說了一些話傷了你的感受。

（11）一位老師評論你的作業，並說你可能沒救了。

（12）你為了考試很認真讀書，但成績卻令人失望。

（13）你有一個在學校辦公室／課後計畫的工作面試。

（14）你到了學校還沒有吃早餐，這已經是這星期第三次發生這種狀況了。

（15）有人用侮辱性的字眼罵你。

感受定格畫面

概述：這個靜像表演活動為角色扮演活動增加了一個新的向度，讓學生學會轉換觀點。學生被要求製作一個描繪場景的靜物「快照」。感受定格畫面著重於場景的情緒向度。為了進一步培養社會覺察，隨著學生扮演不同的人物，重新創造了這個場景。

步驟一：選擇你作為刺激的素材。這些素材可以取自故事、歷史事件的情況或從學生所遇到的情況中做的假設。上面的情境範例可能很有幫助（有些情境需要加以調整，以涵蓋兩個或更多的人物）。

例如：以下就是針對情境範例九的改編：

珊達下課時和兩位朋友在一起。校長走過來，並分享了珊達一位家人生病的壞消息。

　　在這項活動中，學生以分組方式進行。每一組的學生人數應該與描述情境中主要人物的數量一致。在我們的例子中，我們將採用四人一組（珊達、兩個同學及校長）。

　　步驟二：指派或讓學生選擇場景中的一個人物，來表演定格畫面。

　　步驟三：分配或讓學生為自己的人物設計一張名牌。

　　步驟四：向學生說明靜像表演場景的概念：

- 在本活動中，我們將會打造一個生動的定格畫面的圖片，來展示〔故事／歷史事件〕中人物的感受。我會向你描述這個場景，然後你和你的小組成員有幾分鐘的時間來計劃你們的定格畫面會是什麼樣子。請記住，你們需要在不說話、沒有動作的情況下展現這些人物的感受。

- 回顧：與學生討論，他們如何在沒有言語或動作的情況下（例如：透過面部表情、身體姿勢）表達感受。

　　步驟五：向學生朗讀／講述情境。

　　步驟六：讓學生和他們的小組成員一同規劃他們的定格

畫面。

- 如果有很多小組，你一次只和一半的小組一起工
  作，其他人可以當觀察者。

步驟七：請學生開始創作他們所規劃的靜像表演，確保
每個人都拿著自己的人物名牌。

步驟八：討論

- 如果你指定了一些學生作為「觀察者」，請指向一
  個靜像表演，請志願者主動地告訴你這些人物的感
  受及他們是如何得知。針對幾個人物執行討論。
- 如果沒有指定觀察者，請一些小組成員解除靜止的
  動作，讓他們擔任觀察者的角色。

步驟九：混和起來！

- 要求學生與小組中的其他人交換名牌，這樣每個人
  都扮演了不同的人物。
- 重複規劃定格畫面、表現定格畫面及進行感受描述
  的過程。
- 如果場景中有多個人物，你可以重複讓學生描述其
  他人物的感受。

步驟十：連結觀點取替

- 討論在同樣的情況下，不同人物會產生什麼樣不同

　　　　　　　　　　「品格」孩子的核心素養

的感受及他們的感受是如何互相關聯。

✂ 瞭解自己和他人

自我覺察不僅僅是關於感受。這也是關於認識一個人的傾向、模式、優勢及偏好。除了能夠說出感受之外，重要的是讓學生覺察到自己以及同儕的意見、價值及信念。以下幾項活動的主旨就是協助你做到這件事。這些活動提供了機會，讓你考量和表達自己的意見並且聆聽他人的見解。請注意，大多數活動涉及許多不同的社會情緒學習技能。以下的內容也是一樣，涉及尊重地聆聽同儕的見解，這需要強大的社會覺察技能，以瞭解自己的觀點並能夠表達出來。

身分和目標的訪談

這個訪談的程序，可以讓五年級及五年級以上的學生瞭解自己與他人。針對較低年級可以進行調整，其中包括請見 P. 92 表格 4.1 的問題二、四或五，採用寫作、訪談或藝術的形態來回答。

表格 4.1　身分和目標訪談工作表

1. 激勵你的是什麼？	2. 你擅長什麼？ 考慮項目：藝術、音樂、舞蹈、烹飪、科學、閱讀、詩、寫作、體育、建築、修繕、與人交談、幫助他人、放鬆、唱歌、戶外活動，農業等。
3. 同儕如何影響你？	4. 你在什麼時候、和誰一起時是處於最佳的狀態？
5. 當你需要幫助時，你會求助於誰？	6. 你最突出的品格和技能是什麼？

資料來源：改編自馬賽克課程方法 www.secdlab.org/MOSAIC

步驟一：分發某種格式的訪談工作表（於下方提供了範例）。

步驟二：將學生兩人一組配對，讓他們彼此採訪並寫下自己的回答。

步驟三：讓他們書寫自己的採訪，然後與夥伴分享以取得反饋。

步驟四：查看學生的回答，以便你可以提示、鼓勵、提供相關經驗等。

步驟五：讓學生在他們的日誌中寫下自己從訪談中瞭解到的自己，其中包括他們的優勢／偏好。

三區域活動（低年級學生）

改編自馬賽克課程方法：www.secdlab.org/MOSAIC

「品格」孩子的核心素養

三區域活動旨在幫助學生覺察到自己的信念以及他人的信念。

步驟一：向全班說明，大家將有機會反思自己生活中大多數學生都強烈感受到的重要部分，這些部份往往在很多情況下會影響我們的感受。

步驟二：將教室空間分為三個不同的區域，各自代表不同的回應。確保這三個指定的位置確實地分開，讓學生必須走向指定的位置。如果有多餘的紙張和膠帶，你可以貼在指定地點作為標籤，以提醒學生自己身處哪個區域：

● 一個區域稱為「對我而言，大部分符合」。
● 另一個區域稱為「對我而言，部分符合、部分不符合」。
● 最後一個區域則稱為「對我而言，大部分都不符合」。

步驟三：朗讀每一個句子，請學生走到指定的位置來進行回答，然後完成以下步驟。

● 我曾經認為上學毫無意義。但現在我認為上學很重要，我需要學習才能夠成功。
● 在面對某些情況時，我曾經很暴力。但現在的我愛好和平，只會在真正面臨危險時才使用暴力。
● 我曾經認為努力沒有用。但現在我相信，我越是努力，

我就越能成功。

● 我曾經常常在學校做一些能讓我受到其他人歡迎的事情。但現在我會選擇做我想做而且是我認為正確的事。

● 我曾經只是一個來上課打發時間的人。但現在我是一個想參與學校和學習的人。

步驟四：在每個問題之後，請學生說明他們為什麼用那個答案回答。最後，針對學生認為自己需要做些什麼及他們如何能夠做到這一點，來進行討論。

注意：追蹤可以是改進計畫的一部分及／或寫入學生的筆記本或日記本之中。

語文課延伸

請學生寫下並完成以下的句子。連結任何其他會銜接現有語文課重點活動的教學指導：

● 我曾經是……
● 但我現在是……
● 我曾經認為……
● 但我現在認為……
● 我過去常常做……
● 但我現在會做……

讓學生們可以和同學分享屬於自己的句子。要求志願者分享一些關於他們會如何加以變化的個人句子，使用「是」、「認為」或「做」詞幹之一，並加以解釋。

三區域「是─不是─或許」討論（適用於高年級學生，改編自 STAT 課程）

　　「是─不是─或許」可以經常使用，作為「現在就做」的活動來介紹一個單元，開啟一個分享圈、晨會或輔導，或回應大集會方案或在學校、社區或世界正在發生的事件。請注意，所有的句子都應當依據你自己的情況和課程單元來進行調整。「是─不是─或許」會是你介紹教學單元中「重大問題」的一個好方法。以下，我們提供了一些討論問題的案例。

　　步驟一：介紹活動：我們將進行一個名為「是─不是─或許」的活動，這活動需要大家在教室中走動，我們將會看到自己和同學們對各種主題的看法。

　　步驟二：指定並標記教室中的三個分開的空間／區域，分別代表著「是」、「不是」和「也許」。

　　步驟三：提供指示：我接下來會讀一個句子，當我讀完後，你將根據自己是否同意（是＝同意，不是＝不同意，也許＝不確定）而移動到教室的「是─不是─或許」的設定位

置。如果你同意並移動到「是」，你必須分享你同意的一個理由。如果你移動到「不是」，你必須分享一個你不同意的理由。如果你選擇的是「也許」，你就必須同時分享自己同意和不同意的理由。

步驟四：當學生確實地移動至各自的角落時，讓他們分成三人或四人一組，在同一個區域的也可以。讓他們討論為什麼他們表達「是」、「不是」及「或許」。即使所有學生都持有相同的意見，這些意見仍然會會基於各種不同的原因，這將能拓展學生的觀點取替及整體的社會覺察。

步驟五：學生在小組裡分享意見後，讓每個小組的發言人分享他們的共同意見。不必針對學生分享的內容發表評論或反饋，當需要時只需澄清問題。

步驟六：如果你想要加入其他「是─不是─或許」的問題，就重複進行。

步驟七：如果你有時間，讓學生就座並對他們提問：「在活動時是否有讓你感到驚訝的任何事情嗎？」同樣地，重點仍是分享和傾聽，而不是要達成任何結論。一個有效的結語會是指出，「你們會有許多不同的想法，但不會有一個正確答案。」

關於學校議題的範例聲明

- 所有學校都應當有金屬探測器的配置，如此一來所有學生和教職員才會感到安全。
- 作弊不會影響任何人，除非他們被抓到了。
- 只要不說出對方的全名，就可以在社交媒體上對他們加以批評。
- 當新學生加入學校時，應該教導他們主動去向其他學生介紹自己。
- 在午餐時間清理學校餐廳不是學生的責任。
- 吸菸或吸毒取決於個人的選擇，沒有人應該強迫他們不可以這樣做。

針對美國天命論（Manifest Destiny）[9] 的一個單元

- 美國沒有其他發展的方式，只能向西邊擴張。
- 美洲原住民對抗他們的土地殖民化是正確的。
- 美國作為一個民族國家，天命論是成功的必要條件。

針對美國南北戰爭的一個單元

- 有許多國家都有奴隸；美國所做的沒有什麼不同。

---

9   植根「替天行道」、「大命昭彰」或稱之為「天賦使命」之美國領土擴張思維，最初為 19 世紀時的政治標語、定居者所持有的一種信念，他們認為美國被上帝賦予了向西擴張、橫貫北美洲，直達太平洋的天命。

- 那些將軍和軍人在南北戰爭中為南方作戰，如今拆除他們雕像、更換以他們名字命名的街道是不對的。
- 林肯總統解放奴隸，好讓他們加入北方陣營作戰。

針對語文、科學、藝術

- 我們剛閱讀的那本書的作者，應該寫下另一種結局才對。
- 沒有充分的理由將太空人送上月球或火星。
- 我認為交響樂應該有所有的快板樂章。

◁ 瞭解我的品格優勢

　　自我覺察的一個重要部分，是辨識自身的優勢領域以及需要改善的領域。這樣的反饋可以用來制定改善計畫，但對於建立學生的自我理解也相當有價值。擁有一套要建立的美德是有幫助的。在第二章，我們強調了三種這樣的方法。當學生分享他們自己的優勢時，他們也藉由瞭解同儕的優勢來建立社會覺察。

　　一般而言，邀請學生在小組裡討論品格會很有幫助，各自選擇一、兩個他們覺得是自己的優勢，及一、兩個他們最想改善的領域（他們可以向同學尋求反饋），然後讓一位同學負責匯總每一組的總數。這些總數應記錄在白板或大張的便利貼上，讓所有學生都看得到結果，並放在明顯可見的地

方，以作為優勢及潛在改善領域的提醒。教師應注意的是，有些學生的優勢是其他學生需要改善之處，教師可採用正式或非正式的方式鼓勵那些有優勢的學生，主動幫助那些在這方面尋求改善的同學。

以下活動以馬賽克課程方法（www.secdlab.org/MOSAIC）所使用的品格美德為基礎。

定義美德（針對中學學生發展）

（1）為學生提供一份美德清單和潛在定義（請見 P. 100 框格 4.1）。

（2）讓他們分組進行根據一份清單將美德與定義加以配對；每種美德至少要有一項定義。

（3）一旦小組成員達成共識後，請他們分享結果並說明他們的選擇的理由。你會發現，雖然對你而言似乎很明顯的事，但可能存有意見上的分歧，重要的是要讓學生說明自己的理由並尊重同學的意見。

（4）進行後續跟進，詢問學生他們在校內或校外觀察他人所表現任一項美德的次數；請他們分享自己表現一項或多項美德的情境，或者他們可以表現美德卻沒有行動的情況。

（5）指定學生採用其中一項、兩項或多項的美德在接下來

的寫作作業中。

（6）讓學生使用你的語文課程中正在教導的任何一種論文寫作格式，撰寫一篇關於這些感受中的一種或多種感受帶來自己的意義。

框格 4.1　定義美德

說明：將二至三種定義（下半部）與美德（上半部）配對。

■ 樂於助人的慷慨。

■ 樂觀的未來意識。

■ 負責的勤奮。

■ 慈悲的感恩。

■ 寬恕。

■ 建設性的創造力。

A　「跳脫框框」思考。

B　施予他人（金錢／遊戲／樂趣）卻不期望回報。

C　面對問題時尋求新的解決方案。

D　可靠（人們可以仰賴你）。

E　在發生不好的事之後仍持續前進。

> F　給予他人愛、善意、陪伴的時間、感激或協助。
>
> G　努力工作並完成自己的職責。
>
> H　思考你的行為如何影響他人。
>
> I　為你的未來設定目標。
>
> J　儘管在艱難時刻也堅持不放棄。
>
> K　對於未來前景保有希望或樂觀面對。
>
> L　以不同於多數人的角度來看待事物。
>
> M　不對他人懷恨在心。

見解：最重要的美德是什麼？

　　介紹這一項活動，將其與樂觀連結。和學生談談，你如何相信每個人都擁有積極的人生目標，你這樣說的本意是要指出他們擁有天賦也有註定要實現的事。上學的很大一部分，是找出自己的優勢及可能的積極目標。可以考慮採用自我表露的方式，說明你自己的積極目標就是成為一名教師，在課堂上幫助你的學生學習、茁壯成長、成為好人，並為世界實現有價值的積極貢獻。

步驟一：問：「為了找到你的積極目標，這些美德之中哪一
　　　　　項最為重要？」這沒有正確或錯誤的答案：

（1）樂觀的未來意識（成長思維、充滿希望的抱負）

（2）負責的勤奮（復原力、毅力）

（3）樂於助人的慷慨（服務、公民／學校參與和貢獻）

（4）慈悲的感恩和寬恕（克服負面的狀況、看見正面的一面）

（5）有建設性的創造力（看得見許多不同的路徑，勇於創新）

步驟二：將學生編組，依據他們辨識的最重要美德來分組。

（1）每一組應有三至四名學生。

（2）如果有學生是唯一一個選擇某項美德的人，請他做第二個選擇。

（3）如果某些美德沒有代表也沒關係。

（4）如果某些美德有兩個小組代表兩組同樣選擇也沒有關係。

步驟三：提供指令給各小組，要他們為小組所選擇的美德辯護。

　給小組的指令：學生將合作寫下他們所選美德最為重要的原因。

（1）請學生為小組指定一位記錄員。讓學生集思廣益，說明他們的美德比其他美德更重要的理由。

（2）舉例說明：樂觀的未來意識最重要，因為沒有它，你就無法利用其他美德來規劃未來。

步驟四：讓學生發表他們的見解，並讓其他小組尊重地聆

　　　　　　　　　「品格」孩子的核心素養

聽。

注意：為了和藝術及音樂課程相互配合，學生可以創作及／或找出他們首選美德在藝術作品或歌曲的範例。可以利用陳列或發表來展現這些，對象包括家長或是社區團體等。這一切都有助於提升學生思考美德，並作為他們日常行為的指引。

⤙ 有效聆聽

　　瞭解他人的要件之一，是關注他們。在我們日益分心的數位時代，當許多人深信多工能力的迷思時，我們之中有許多人聲稱可以聆聽別人說話，同時試著做其他事情。我們的學生越來越有可能陷入這樣的習慣。關於這項活動，在許多社會情緒學習的課程中（例如：第二步計畫〔Second Step〕，www.secondstep.org）可以找到一種變項，最適合三年級及以上的學生班級。

　　步驟一：詢問學生，是否曾經感覺到，當自己在說一件重要事情時，有人不聽他們說話。然後，請他們列一份清單，寫下來他們注意到的所有不具良好聆聽技巧的實例（例如：有人在跟你說話時不看著你，同時做其他事情，如：發簡訊、你在說話時搶著同時說話、你說完話之後不回應）。你或許會想以誇張和幽默的方式模仿學生所提出的這些提議。

將清單命名為「糟糕的聆聽技巧」或「如何不好好地聽」等，而當你在課堂上看到類似行為時可以加以參考。

步驟二：現在創建一份寫有良好聆聽技巧的對應清單，聚焦在這個問題：「你如何判斷一個人真正地聽你說話，並關心你在說什麼？」該清單應該包括諸如：看著說話的人、面向說話的人、對說的內容作非語言回應，並就說話內容提出問題等。很明顯地，這需要根據學生的年齡加以調整。

步驟三：讓學生兩人一組，請其中一人用 30 秒說說他喜歡或最近做過最有趣的某件事。可能的話，設置一個大家看得見的計時器。當那個學生說話時，請他的同伴示範良好的聆聽技巧，接著讓他們交換角色。要求學生彼此反饋，說明當自己被聆聽時的感受。

步驟四：重複進行（與相同或不同的夥伴），但這一次，要求學生示範不良的聆聽。每一位學生都輪流示範後，讓班級討論兩種情境的不同之處，強調當他們不被聆聽時有什麼感受。

注意：考慮反映多樣性的配對，例如：男孩搭配女孩或來自不同民族／背景的學生。定期地重複這項活動，無論是正面或負面的示範形式，都將隨著時間幫助學生持續發展更好地聆聽技能。

　　　　　　　　　　　　「品格」孩子的核心素養

✂ 在語文領域發展自我覺察和社會覺察

語文是發展自我覺察和社會覺察特別肥沃的土壤。在最基本的層面上，感受語詞就可以包含於詞彙表之中。此外，現今有許多書單向學生介紹適合年齡的一系列感受。例如兩個熟知的故事是《戴帽子的貓》（*The Cat in the Hat*）和《羅雷司》（*The Lorax*），兩本都是蘇斯博士（Dr. Seuss）所寫的著作。在你檢閱下方課程計畫的順序時，請將這些故事牢記於心。我們最喜歡與幼稚園和一年級兒共讀的書籍之一，是作者凱恩（J. Cain）的著作《我的感覺》（*The Way I Feel*，中文書名暫譯），這本書也出版了西班牙語的版本，書名為《*As i me siento yo*》。這個故事以美妙的押韻文字及色調豐富的插圖向兒童說明他們可能會經歷的許多感受。這本硬卡童書包含了愚蠢、害怕、快樂、悲傷、感激、嫉妒、失望、沮喪、生氣、害羞、無聊、興奮和自豪等情緒以及可能導致這些情緒的情況。

閱讀感受活動（改編自 Bruene Butler, Romasz- Mc-Donald, & Elias, 2011）

步驟一：告訴小組成員，今天你要為他們讀一個關於很多、很多感受的故事。但是在閱讀之前，你想給他們看一些圖片。針對每一張圖片，詢問學生看見了哪些感受。詢問他

們是如何分辨的。注意：對你來說，這將是一項診斷活動，以瞭解你的學生對不同感受之跡象的關注程度，及這種情況如何逐漸地改善（以及它對於小組或個別學生可能不會改善的地方）。

步驟二：告訴學生，當你說這個故事時，你希望他們在故事之中出現關於感受的用詞時，做出適當的感受表情（例如：當閱讀到作品中「快樂」一詞時，學生們應該要展現出一個大大的微笑）。注意，學生可能會錯過某種特定感受，請協助他們看看同學，這樣他們才能正確理解。

步驟三：回顧。詢問學生記得這個故事中的那些感受，列下一張清單。如果可能的話，請學生自願性地嘗試在清單中的每種感受旁邊畫下表情。

步驟四：讓學生談談他們感覺到每一種感受的時刻。

步驟五：作為繪畫感受的補充或替代材料，帶一些雜誌讓學生剪下可以表達不同感受的圖片。你或許可以與當地醫療專業人員、頭髮造型或指甲護理從業人員，或其他在辦公室提供雜誌的單位聯繫，以便你可以在他們回收雜誌之前取得。向你的學生們說明，感受就在我們的周遭，無論是在電影、電視節目、海報或是廣告看板上，感受幾乎無處不在。他們的職責就是注意到這些感受。另一種活動選項是，設計列有各種感受的工作表，包括提供空間讓學生可以粘貼他們

剪下來對應這些感受的圖片。我們提供了一個範例（表格4.2）。這可能是可以與美術老師共同合作的一項絕佳活動，可以融入於美術課程之中。

步驟六：讓你的學生可以定期分享自己注意到的感受，包括什麼感受、何時／何地有這些感受。

表格 4.2　我們周遭的感受工作表

快樂的	悲傷的
自豪的	憤怒的
愚蠢的	緊張的

⤳ 三至四年級的相關活動

告訴全班同學，你要向他們講述一個情境，而他們的任務是選擇一個「感受方格」（feeling square），來表述如果情況發生在自己身上，他們會有什麼感受。你可以利用在班級、學校或社群中發生的情境以及下面列出的各種情境。

請準備感受方格（或請學生準備），方格中至少包含以下這些感受：

孤獨的、快樂的、悲傷的、困惑的、嫉妒的、興奮的、緊張的、憤怒的、自豪的

講述情境，並要求學生自願（或指定他們）選擇自己認為和情境相符的感受方格。讓他們展示這種感受的樣子，然後解釋他們選擇這種感受的原因。接著，詢問其他人是否也會選擇同個感受方格，原因又是什麼。然後，指出不是每個人對情況都會有相同的感受，並詢問是否有人選擇不同的方格。後續跟進之前的作法。

情境：

- 你的作業拿到很好的成績（自豪的、興奮的）。
- 你想找人一起玩，但你所有的朋友都在寫作業（孤獨的、悲傷的）。
- 你的朋友、姐妹或兄弟弄壞了你最喜歡的玩具（憤怒的、悲傷的）。
- 你的寵物生病了（悲傷的）。
- 你真的很想要你朋友擁有的電動遊戲（嫉妒的、憤怒的）。
- 你要去參加一個生日派對（興奮的）。
- 你被邀請加入學校的一個社團（自豪的、興奮的、緊張的）。

⋖ 教育工作者的自我覺察和社會覺察

　　每個在學校工作的人，每天帶著自己的經驗來上班。其中有一些經驗充滿著感受，這些感受可能會以我們無法預料的方式影響我們。然而，藉由探索自己的情緒反應並覺察它們，不同情境下所可能引發的強烈感受，就可能比較不容易讓我們感到驚訝及／或被打亂或感到不知所措。在這個領域之中，斯特恩（Stern）、海曼（Hyman）及馬丁（Martin）為我們提供了絕佳的指引（2006 年），部分總結如下：

（1）傾聽你自己的內心對話。當你處於最佳／最差、偏見及刻板印象時，覺察自己會被觸發情緒的狀況。注意自己在不同情況下的感受，尤其是當你覺得自己處理某件事特別好或不好時，不管具體的解決方案是什麼。有時，做正確事並不保證帶來成功，而我們可以解決一個問題，但對於如何做到這件事卻感覺不好。用這些感受作為一個標記，來回顧發生了什麼事，以及還有什麼不一樣的作法。

（2）當事件發生時，我在辨識自己所經歷的許多不同的感受，我的成效如何？回溯當時？我可以採用什麼策略來保持冷靜，並在當下更清楚覺察自己的感受？

（3）採用觸發情境監測（Trigger Situation Monitor）的一種版本，與學生一起進行，以幫助監測正面和負面的反

應，並從這兩種情境中學習。

（4）撰寫日誌，定期地反思並記錄對於重要情緒覺察問題的回應，例如：

　　a　我為什麼會對特定學生以特別情緒化的方式回應？有什麼是從我自己的生活和過去被觸發了嗎？

　　b　我是否特別偏愛某些學生？我是否發現自己會閃躲一些學生？我是否會閃躲某些特定的專業情境？在這方面，我是否注意到有什麼模式？我的改正和改善計畫是什麼？

　　c　對於什麼樣的故事和情況，我會產生最情緒化的反應？為什麼？這會帶給我有益的洞察力或造成我的阻礙？

　　d　我今天經歷了哪些強烈的情緒？當時的情況如何，還有誰參與其中？我是如何管理自己的情緒？為了更好地管理我當下的強烈情緒，我可以採用哪些策略？

自我反思：個人行動計畫的自知指南

- 反思你最好的學習方式是什麼。例如：你可能透過教學會學得最好；如果是這樣，請尋求向他人展現的機會。你可能透過安靜的反思會學得最好；如果是這樣，找尋自己的沉靜時刻。

　　　　　　　　「品格」孩子的核心素養

- 反思你如何以最佳的方式展現你的關懷。例如：在學校尋找一位你可以輔導的人，幫助你的同事更好地瞭解彼此，或將你的人際關係拓展至學校之外。讓你的學生知道你關心他們，有哪些合適的方法？
- 反思如何在壓力下保持踏實。對大多數人，無論你有多忙碌，這有助於你優先考慮與朋友保持聯繫。他們是你的動力來源。
- 反思你如何知道什麼時候應該適可而止。對於一項專案、對於一位同事，當然還有我們的學生，我們總是可以做得更多。制定指導方針以幫助你在適當或必要的時刻持續前進。
- 想想你在學校的工作中建立多少慶賀和認可。如何幫助他人感受成就，即便他們可能沒有獲得成功？反思自己多麼讚賞對於努力的認可，並考慮如何幫助同事，而且學生也感受到這種讚賞。
- 反思自己的優勢和工作偏好。你曾獲得最棒的讚美是什麼？希望多久與你的同事、主任和行政人員進行「入場卷」對話以確認一切事物都進展順利？你建立人際關係的最佳方法是什麼？最佳的學習方式是什麼？請考慮向你的同事們提出相同的這些問題，以促進他們自己的反思。

第五章

同理及觀點取替

∙< 背景

在上一個章節中，我們關注了與同理密切相關的社會覺察要素——識別他人的感受並有效聆聽。在本章節中，我們將深化對同理的探索，並討論觀點取替——**理解為什麼某人可能會有特定的感受並試著以對方的觀點來看待情況。**

儘管在我們與教育工作者的對話之中經常出現同理一詞，但研究人員和理論家似乎花費驚人的大量精力，試著要弄清楚這個詞的定義。首先，他們多數人會指出這個詞的希臘字根：*em + pathy = feel + in*（或 *into*），這意味著同理（empathy）是關於某人和另一個人的情感體驗保持一致或同步。「情緒同理」（emotional empathy）這個詞時常被用來描述這個層面——當他人悲傷時你也同樣感到悲傷，當另一個人害怕時你也感到害怕。在這個意義上，同理是一種小規模的情緒感染。

針對這個討論，神經科學家提出鏡像神經元（mirror

　　　　　　　　　　　　「品格」孩子的核心素養

neuron）的作用假設，為看似自動的、二手的情緒反應建立了基礎。當一個人觀察另一個人的活動時，觀察者不只在其大腦涉及感知活動的感覺區域有神經元反應，在其平行於行動者活動時使用的神經元系統，也有同樣的神經元反應。我看你踢足球，我的大腦區域與踢足球有關的神經元就活動了起來。有些研究人員指出，在負責情緒反應的大腦區域也存有鏡像神經元。如果這些神經元透過創造平行的神經元活動，來回應其他人的情緒，那麼就可以說，一個人確實會「感覺」到另一個人的感受。

然而，當教育工作者表示他們希望學生表現出更多的同理時，他們所談論的不僅僅是情感上的模仿或感染。伊森哭了、所以蜜西哭了，而珍妮特也哭了起來，大家都哭了。我們不認為教師對於這種大規模的同理展現會感到高興。事實上，他自己可能都快要哭了！

⋖ 這其中缺少了什麼？

蜜西和珍妮特的心情，已經完全沉浸於伊森的經歷中；他們已經迷失在他人的情緒之中。馬丁‧布柏（Martin Buber，1878-1965 年）這位哲學家曾思考過這個問題。在納粹主義興起的時期，他住在德國，身為一名猶太人，他面臨著日益高漲的歧視，他親眼目睹了當我們將他人視為一個可以被使

用、被控制的物體時，會發生什麼事。為了這樣的關係，布柏將之稱為「我－它」（I-It）。我是一個人；你是一個物體。相反地，在「我－汝」（*I-Thou*）的關係（以布柏使用的語言來說則是德文的 ich-du；現今我們可以稱之為「我－你」），個體以平等的夥伴身分來對應。真正的對話和理解成為可能發生的事。布柏強調我和「你」的重要性。因此，雖然從他人的觀點來學習、觀察並感受是至關重要的事，但同等重要的是，不要為了處理意見上的不一，在對話中以失去個人聲音的方式來消除差異（Shady & Larson, 2010, P. 87）。布柏強調「體驗他人的能力、『進入』（『*swing into* 德文的 einsdwingen』）他人的現實，同時也體驗自己的現實」（Schmid, 2001, P. 57）。

在談論情緒的鏡像反射時，很容易從談論「感覺到」某人的感受，轉變為假設我們自己與那個人「感同身受」。以神經科學博士拉馬錢德蘭（V. S. Ramachandran）的說法來看（Marsh, 2012），鏡像神經元和同理有著潛在的關聯，拉馬錢德蘭博士協助發現了鏡像神經元，因此他是鏡像神經元潛能的主要支持者，也就理所當然了。

如果我要真切地同理你的痛苦，就要親自去體驗到它。這就是鏡像神經元的功能，讓我同理你的痛苦——

　　　　　　　　　　「品格」孩子的核心素養

也就是說，了解那個人經歷到的苦惱和難以忍受的痛苦，與如果有人拿針直接戳你，你會感受到的一樣。這是所有同理的基礎。

　　但是，我們**真的**能體會到「同樣的苦惱」嗎？在進化的意義上，這是否具有適應性？這是為什麼許多學校午餐時間和下課時間失控的原因嗎？即使在神經元的層次，鏡像反應的強度也只是原始反應的一小部分。拋開神經元不談，事情會變得更加複雜。我們的情緒反應，是由情境的結構以及個人和文化帶給我們的身分認同所決定。一個新進難民的孩子可能會在進入新教室時感到害怕。他的同儕的鏡像神經元，可能也正在發出這種情緒的信號。但是，正如布柏的建議，這需要承認經驗具有共同性和獨特性。我可能會感覺（較小規模的）這個學生的恐懼，但他本身的經歷，遠遠超出我所知的「感同身受」。每個人都會將自己獨特的背景帶入彼此的互動中。假設有個人對其他人的感受及感知都一清二楚，這其實有一個名稱：自我中心主義（egocentrism）。這不是一個理想的特質。

　　在養成同理的過程中，我們經常提示學生思考自己曾處於相同情境或曾經歷類似情緒的那些時候。這種看似基本的技能，針對身分認同和人際（錯誤）認知提出了重要警告。

麥蒂感到傷心又害怕，因為他媽媽的部隊被派駐到一個戰區。李奧的父母不在軍隊任職，但媽媽出差時總是讓他感到難過，甚至有一次媽媽去買東西回來的時間晚了，也讓他感到恐懼。對麥蒂真正經歷的事情，李奧的經驗是否讓他有更深入的瞭解？不太可能。事實上，即使李奧的媽媽真的在軍隊並且被調動職位，真的可以假設他和瑪蒂有相同的感受嗎？他們的性別會造成影響嗎？他們和父母的關係呢？家中其他人的存在有關係嗎？或是他們之前調派的經驗？他們身邊親朋好友對於調派的經驗？這還存在著一種風險，就是假設麥蒂「必須」要那樣感覺，因為「所有被調派父母的孩子」都那樣感覺。雖然可能是基於良善的意圖，這仍然有點刻板印象的成分：在面對〔情況 Z〕時，所有〔X 組成員〕都會感受到〔情緒 Y〕。是的，麥蒂是 X 組的一個成員。然而，她也是麥蒂。

這些告誡不應該阻撓我們追尋同理的方程式。我們在第二章中曾提及的心理學家西格爾，將發展稱為心智表徵（Mental Representation）的一種精細調整的持續過程（Sigel, 1993）。我們建構世界的方式必然是不完整的——總是有更多需要學習，這將有助於形塑我們的認知、我們的感受及我們的行為。我們學習他人的經驗，可以被視為有助於我們更細緻入微地瞭解他當下正在經歷的事。認知同理（Cognitive

　　　　　　　　　　「品格」孩子的核心素養

empathy）──我們可以稱之為觀點取替（perspective taking）或理解另一個人的觀點──讓情緒同理更加完善，讓我們更接近體會對方的處境。更接近一些，但肯定還不能完整地做到，但能做到更接近這件事很重要。

　　同理既涉及情緒覺察（emotional awareness）和認知上的觀點取替，並且遠超過這些範圍。我們設定的目標，並不是「傑米很難過，那又怎樣？」或是「傑米很傷心，煩死我了，我要離開這裡」。教育者對同理的關注，除了情感和認知之外，也包括了行為要素。也就是說，我們希望以情緒反應和對於情緒原因和背景的認知評估，來形塑我們的行為。當然，行動若是欠缺情緒和認知上的觀點取替，也不符合我們的需求：「我想要讓傑米感覺好一些，所以我來扮鬼臉給他看。」〔儘管傑米難過的原因是因為最近有家人去世，而扮鬼臉在此刻並不恰當〕。

　　　同理＝共同的感受＋理解的觀點＋行動的動機＋適
　　　　　當的行為

　　與所有社會情緒和品格發展的能力一樣，同理無法獨立存在。它與其他技能領域有關。正如前一章所討論，同理取決於讀懂他人情緒的能力。出於同理而做出回應，需要解

決問題和決策的能力（第八章）。重要的是，我們的同理方程式與情緒的自我調節有關。出於同理的痛苦感受，可能會導致全面的痛苦反應，就如同先前那個哭泣可以感染他人的例子。一個人處理情緒的各種模式此時就發揮了作用（Eisenberg, 2000）。

✂ 為同理奠定基礎

現在有一點應該是相當清楚明確的，同理最重要的元素是瞭解「對方」。正如第三章所討論的那樣，在班級建立社群是必要的一步。

瞭解彼此

從「他人」的觀點出發，需要**瞭解**那個人的經歷。對於霍爾（2018, P. 86）而言，「同理來自聆聽並瞭解他人的情況和感受，以瞭解他們的觀點。這過程中要設法理解價值和根本原因，超越「他們有什麼想法？」到「他們**為什麼**會這麼想？」對此，我們的補充是：超越「他們有什麼想法和**感受**？」到「他們為什麼會這麼想，**並且有這種感受**？」如果我們不知道麥蒂的母親在軍隊任職，及母親的軍事單位正在進行部署，我們無從瞭解麥蒂很傷心的原因，更理想的情況下，是瞭解麥蒂過往面對媽媽調派的經驗。以一個個體的方

式來認識麥蒂，是至關重要的事。藉由磨練理解並推斷他人觀點和情緒的能力，我們才能得知我們對於他人的理解。我們將以前一章的活動為基礎，在此說明如何幫助學生發展這種能力。

鷹架自然發生同理的機會

我們回應學生情緒的方式可以示範——或者，未能示範——同理。想想以下的場景。

艾麗兒看起來很沮喪。他的身體姿勢是下垂的，她的雙眼通紅，這樣的她相當不尋常。

身為一名教育工作者，你會……

a 什麼都不做。孩子們總是喜怒無常，他會克服的。

b 告訴他，「愛微笑的艾麗兒，事情沒有這麼糟糕的。」

c 當著全班同學的面前說：「艾麗兒，你今天怎麼了？你看起來不太好。」

d 私下詢問他感覺如何、在想些什麼。

選項（d）是一個很好的開始，讓我們繼續談這個情境。

老師：艾麗兒，看你的表情、你的身體姿勢，我擔心是不是有什麼事在困擾著你，你在想些什麼？

艾麗兒：沒什麼……這件事很愚蠢。我的狗生病了，可能快要死掉了。

好的，又輪到你回覆了，你的回應是：

a 你說得對，這件事太愚蠢了。牠不過是一隻狗。

b 你認為你媽媽會讓你再買一隻狗嗎？

c 今天如果讓你擔任白板的監督員，你會開心一點嗎？

d 我很遺憾聽見這個消息，你感覺如何？

同樣地，我們建議將（d）作為一個聚焦在感受的例子。

其他多個選項，可以被視為是限制性的教師語言，是「直接的、控制的、非個人的，並且冷漠的」（Mugno & Rosenblitt, 2001, P. 69）。事實上，時間和壓力甚至會讓許多最好的教師有些時候不選擇（d）。選項（b）和（c）的回覆主要是試著讓事情立即改善，在我們繁忙不已的時刻往往是合理的，因為在有限時間內，我們要面對許多學生的多種需求。但是，這些其他的回覆無法產生作用，因為它們沒有處理涉及的感受。它們對於情況有所反應，但不包含其中的情緒。相較之下，回應情緒的教師語言「對於個體的感受和想法，表示了尊重和接受，鼓勵遷就妥協，暗示選擇，並提供詳盡的說明」（Mugno & Rosenblitt, 2001, P. 69）。

情緒回應的教師語言，認知到需要超越我認為孩子可能的感受，或「應該」有的感受，才能真正明白孩子在這種特定情況下的真實感受。要做到這一點，我們會進一步詢問孩子，並在孩子做出回應時反思我們所看見及聽到的內容。當然，這一切都在我們有限的時間之內進行。其根本是同理，不是治療。但是，我們若稍微深入地詢問，就往往可以告訴我們是否引進學校專輔的教職員會是一個好主意。

同理覺察暫停

此外，每天的日常課堂活動給教育工作者機會採取同理覺察暫停，停止當下行動，將某種情況下時常經歷的情緒引出水面。雅各森（Jacobson）提供了一個來自「面對歷史與我們自己」（Facing History and Ourselves）[10] 的例子（2017年），這是一個社會情緒及品格發展的計畫，以種族滅絕的歷史例子作為起點來促進群體間的接納，正如於聖塔莫尼卡（Santa Monica）的約翰亞當斯中學（John Adams Middle School）所實行的策略：

---

10 美國的一個非營利組織，成立的宗旨使命是「以歷史的課題來挑戰教師和學生們，讓他們抵制偏見和仇恨」，藉由歷史、文學和人類行為的相關研究與道德決策結合創新的教學策略，讓中學教師能夠促進學生對於歷史的理解、促成批判性思維和社會情緒學習，當學生面對時事則能反思今日面臨的選擇並考量如何做出改變。

萬聖節後的隔天，八年級的學生圍成一個大圓圈，準備朗讀他們創作恐怖故事的一兩行。但在他們開始之前，語文老師比曼索拉諾（Beeman-Solano）要求他們思考一下，為什麼有些學生在課堂上被要求閱讀自己的作品時會發出不高興的嘆息聲。「這太尷尬了。」一位學生表示。「害怕面對批評。」另一位同學說。有三分之一的人答覆：「有些人在公開演說時可能會感到焦慮或有壓力。」

　　根據「面對歷史與我們自己」的組織成員瑪麗‧亨德拉（Mary Hendra）表示：「停下來進行這樣的討論，有助於讓學生記住如何成為一位尊重他人的觀眾，並強化了面對歷史的核心原則『設身處地為他人著想』」（Jacobson, 2017）。

＜ 發展同理的一般策略

　　在本章中，基於前文所介紹的社會覺察基礎，我們將聚焦於瞭解為什麼有人可能會感覺到他們的感受，並嘗試從他人的觀點來看待情況。

　　　　　　　　　　　　　「品格」孩子的核心素養

感受偵探

　　社會覺察不只是準確地察覺他人的感受，還必須理解他們為什麼會有這種感受。我們將在下一個章節中更深入地探討這個問題。察覺某人傷心的情緒很重要，但以適當的方式與他們互動，往往需要透過瞭解這種觀察到的感受是什麼原因引起的。尤其在多元文化的背景下確實是如此。

　　以下是一項藉由圖片教材來輔助的活動，請聚焦在適合你學生年齡、性別及種族的選項。

　　步驟一：準備圖片（來自網路、雜誌或其他來源），圖片上描述一些常見的情況。例如：一位獨自坐在學校餐廳的學生；一位在排隊等候的學生；在活動後感到沮喪的一群學生；正在舉手擊掌的學生。

　　步驟二：針對每張圖片提出問題：

- 你認為學生可能有哪一些感受？
- 這位學生為什麼會有這樣的感受？
- 就圖片中所發生狀況，之前可能發生了什麼事？

　　注意：這項活動初步最好是由全班同學一同完成，並提出較為簡單的情緒，這樣他們能更好地理解這項任務，並設想各種可能適用的故事。很明顯地，隨著學生年紀的增長，他們所描繪的情緒會變得更加複雜。許多社會情緒學習的計畫，都有提供關於情緒發展表現的指導原則；一般性的指導

原則可以從卡洛琳・薩爾尼（Carolyn Saarni, 2007）的材料中取得（改編自社會決策／社會問題解決（SDM ／ SPS）素材，Bruene Butler, Romasz- McDonald, & Elias, 2011; Elias & Bruene Butler, 2005c , 2005b , 2005a）。

雖然，你可以和全班學生以這樣的方式持續進行，但讓學生以書寫的方式單獨完成任務也有很大的幫助，然後讓他們在小組中進行分享，如此他們就可以瞭解不同的同學對於所呈現的感受與創造的故事，可能會有的不同反應。當你發現某些學生「錯過」一些明顯的文化／經濟背景時（例如：有一個同學看起來很傷心，因為他可能面臨著飢餓或無家可歸，或他可能有一位親人正處於危險之中），你可以在解釋時插入這些可能性，並考慮在你的課程中加入有關的文學作品。同樣地，如果你確實在課程中涵蓋了一些民族、文化甚至是歷史的內容，你可以針對此活動稍加變化，來檢視學生對於潛在感受的理解。

在進行小組分享時，請記住對於感受或解釋，不會只有一個特定的正確答案；事實上，解釋幾乎從來不會只有一種。除非對感受有極其嚴重的錯誤歸因（例如：為憤怒而開心），否則最好承認各種可能性。在一個日漸全球化的世界，社會覺察有助於考量人們感受的多方原因（創造越來越準確溝通的需求，這是我們稍後將聚焦的一項技能），及體會並非所

「品格」孩子的核心素養

有人都以完全相同的方式表達相同的感受。因此，需要致力於 BEST 溝通技巧的特質（請參見第七章）。

⋖ 瞭解其他觀點

以下的這項活動，將設身處地的概念提升至字面上原義的高度。

FIG 邁步練習（FIG Footsteps）

概述：這項活動為學生提供了一個機會，讓他們在切換觀點的思考過程中進行實體上的切換。這是一種練習同理和觀點取替的具體方法。活動適用於多個年齡階段及多元的知識領域。

首先，你需要準備的是：

（1）無線條的空白紙張，每人兩張。

（2）剪刀（可自由選擇）。

（3）馬克筆／蠟筆／其他藝術作品等文具（可自由選擇）。

（4）兩個人可以從不同觀點看待事物的一個情景。

這其中的基本概念，是讓學生製作腳印，以做為他們擔任某個角色時可以站立在上面。當學生需要轉換自己的觀點

時，他們會確實地踩著自己同儕的鞋子（好吧，這其實算是鞋印，但意義上很接近了），以反思他們所聽到的內容，並檢視理解是否正確。

步驟一：選擇觸發的素材。可以根據故事、歷史事件的情境，或基於學生遇到類似情況的假設情境。

步驟二：指出每個人都會有不同**觀點**的概念。

● 舉一個相當具體的例子。你可以指出，當你看著班級時，你會看到很多的面孔，而他們會看到的是後腦勺。舉起一個物件，並說出你所看到的與他們所看到的有何不同。

● 指出人們對於自己喜歡或想要的東西，也會抱持不同的觀點。例如：詢問學生他們最喜歡的冰淇淋口味，以這個實例說明有些人喜歡的東西，也會有其他人不喜歡。

● 對學生說明，當人們抱持不同的觀點時，可能會因意見分歧而爭論不休，他們就需要解決他們之間的問題。

步驟三：介紹 FIG 邁步練習（或回顧複習）：

● 在這項活動，我們將聚焦於關注他人的觀點，同時完成決策和問題解決的前三項步驟。這些步驟是：

● F：尋找感受（Find the feelings）

「品格」孩子的核心素養

- I：識別問題（Identify the problem）
- G：以目標引導自己（Guide yourself with a goal）

步驟四：在這個例子中，我們在一個假設的問題中應用 FIG 邁步練習。於此，我們加入了一個情景；你可以隨意設計自己的內容或直接採用課程內容！

- 假設情景：漢娜和凱爾負責計劃一項班級活動，作為一年一度校慶集會的節目之一。每個班級有五分鐘的時間在全校面前進行表演或展示他們規劃的活動，每個班級都希望自己有很棒的表現！漢娜希望全班可以表演一首關於與家人和朋友同慶的歌曲—有一些孩子負責歌詞（以一首流行歌曲來演唱），而一些孩子要練習舞蹈動作。班上每個人都會在活動上一同唱歌跳舞。凱爾想要展示一幅壁畫，獻給節慶假期仍在海外駐守的軍人。每位學生都將在一張特大的紙張上完成壁畫的一小部分。在集會上，全班會一同展示這幅壁畫，由幾位學生解釋壁畫的意義。在集會結束之後，壁畫將會掛在教室裡。

步驟五：處理情景

- 要求學生以 FIG 三步驟思考漢娜的情景：

  （1）漢娜可能會有什麼樣的感受？

  （2）你認為漢娜會遇到什麼問題？

（3）漢娜希望進行的是什麼事？她的目標是什麼？

（4）站在凱爾的觀點重複 FIG 三步驟。

（5）從學生在課堂上產生不同觀點的其他例子，或從課程內容，重複 FIG 三步驟。

步驟六：FIG 邁步練習的角色扮演

● 請學生在紙片上描繪自己的腳印，為自己製作「腳印」，如果可以的話，請學生們剪下這些腳印。如果你喜歡，也可以給學生一個機會裝飾自己的腳印。

● 利用框格請見 P. 129 框格 5.1 的講義或在白板上一一寫下步驟。

● 向學生說明，在這項活動中，他們實際上會站在他人的腳印，以藉此練習用另一個人的觀點看待事物。

● 將學生分為兩人一組。每一組之中指定一位學生扮演漢娜，另一人則擔任凱爾的角色。向他們說明，他們要告訴隊友自己的角色如何感受，並在隊友解釋他們角色的感受時認真聆聽。

● 做好準備。請學生站在自己的腳印上，和隊友面對面。提示學生深吸一口氣，想一下這項活動，然後一一檢視活動的說明。

「品格」孩子的核心素養

框格5.1　FIG邁步練習講義

每個人都有自己的觀點。我們看待事物的方式，會對我們想要解決問題的方式產生影響。這項活動將有助於我們從不同的觀點看待問題。

練習說明：

在鞋子外圍描出邊線，並利用邊線剪下成對的鞋印。學生成對地站在自己的腳印上。一名學生使用以下的句子（步驟一）來說明自己對於問題的看法。另一位學生聆聽對方，然後「步入」說話者的腳步之上，並以下方的句子來複述自己聽見的內容（步驟二）。第一位發言的人根據需要來進行澄清說明。每一位學生都回到自己的腳步上。另一位學生重複進行步驟一和步驟二。完成這個過程後，學生會提出折衷的各種建議，直到達成解決的方案。

做好準備！	深吸一口氣，集中注意力。
步驟一	我覺得……
	我認為……
	我想要……
步驟二 （如果有需要，可以重複並返回步驟一）	你覺得……，對嗎？
	你認為……，對嗎？
	你想要……，對嗎？
步驟三	如果……的話，如何？

FIG 邁步練習角色扮演之操作說明

角色扮演步驟一

- 根據講義的提示,讓每個角色輪流說明自己的感受, 找出問題,並描述他們想要事情如何進行。

- 當他們完成這步驟後,學生應該等待你的信號。

角色扮演步驟二

- 在你發出信號後,學生們應該要交換位置,現在他 們站在隊友的腳印上。

- 根據講義的提示,角色輪流解釋他們聽見隊友所說 的內容,並詢問他們是否有正確的理解。

- 如果有錯誤的認知,學生應該做出適當的澄清說明。

- 當他們完成這步驟後,學生應該等待你的信號。

角色扮演步驟三

- 在你發出信號後,學生們應該回到他們自己原來的 腳印上。

- 根據講義的提示,他們應該要腦力激盪,找出最有 益於他們實現目標的解決方案。

提供其他練習的機會

● FIG 也可以在一大群人中完成，由兩名志願者說明他們的 FIG，然後讓整個團體協助產生可能的解決方案。

● 當兩個學生在課堂上發生衝突時，你可以「放下腳印」，擺好兩組腳印預備給學生各自站在上面，以作為提示和線索來應用 FIG 建設性與非暴力地解決這個問題。你也可以分配腳印給其他教職成員，讓他們與你的學生一起使用，並說明腳印的用途。FIG 在午餐、課間休息和體育課期間都是非常寶貴的練習機會。

◁ 藉由文學建立同理

在任何一個年級的學生所閱讀的文學故事情節，多數（如果不是全部的話）都涉及了個人決策和人際之間的衝突。各種人物角色——從兒童繪本貝安斯坦熊家族（Berenstain Bear family），到喬治・歐威爾（George Orwell）著作《動物農莊》中的動物——經歷了憤怒、喜悅、恐懼及嫉妒。他們面臨了大大小小的決定。當貝安斯坦熊家族的媽媽觀察到大家都看太多電視了，爸爸和孩子們該如何應對媽媽？當小豬拿破崙轉而行使專制暴政時，動物們會有什麼反應？當我們以這些書籍教導他們時，我們可能會關注在故事的軸線上，人物如何在情緒上發展及他們對他人有什麼樣的理解，無論是好是

壞，最終都會影響他們解決問題的方式。

我們建議策略性地使用眾所周知的「暫停」鍵，以便深入瞭解這些衝突經驗並從中學習。幫助學生理解人物的觀點、感受、動機及渴望。有鑑於對書中人物、情節及設置的瞭解，讓學生在展開的情節中考量人物在不同的時刻所擁有的選項。在深化學生對於人物最終做出決定的理解時，這些暫停提供他們增強同理的機會。

一旦你按下了暫停鍵，就會留下一個令人激動的情節元素懸而未決，這時是有可能引導學生來討論人物的感受及觀點。例如：納夫特爾（Naftel）和艾利亞斯（1995年）建議以下的提問：

- 如果你是〔人物〕，你會有什麼感覺？
- 有沒有更多的用詞可以描述〔人物〕的感受？
- 有人曾經有過這種感覺嗎？
- 你覺得〔人物〕現在可能在想些什麼？

如果討論涉及不止一個人物，可以從每個人物的觀點來重複討論。討論結束後，全班可以繼續閱讀下去。

◁ 文學、同理及社會研究

蒙諾比（Monobe）和桑恩（Son）建議採用全球的文學，以加深對其他文化的理解（2014年），方法是尋找文學作

品中「真實地反映個人和社群，沒有對少數族裔的經歷進行刻板印象或浪漫化的描寫」和「體現身處政治衝突及／或戰爭中之兒童的聲音和觀點」的作家（Monobe & Son, 2014, P. 70）。他們還尋找有這些特質的作家：「（1）致力於撰寫在美國或全球代表性不足的兒童或人的議題，（2）本來就來自該國或（3）久居該國的居民 （Monobe & Son, 2014, P. 69-70）。他們提供了一些例子，例如：《希望中的兄弟》（*Brothers in Hope*，中文書名暫譯，主題關於蘇丹的難民）及《我的名字是桑戈爾》（*My Name Is Sangoel*，中文書名暫譯，關於一個搬到美國的蘇丹家庭）。

一旦選好一本書後，這些作者們建議教師們：

（1）與學生一起探索其中具普世性的主題（一般而言，最好分小組進行，然後可以進行觀點上的比較）以幫助學生「找到共同點」（Monobe & Son, 2014, P. 72）。

（2）描述自己與主題相關的經歷（教師自己的經歷、學生自己的經歷或是兩者），並將自己的經歷與書中所描述的經歷進行比較和對比。

文學可以作為瞭解移民經驗特別有效的一個切入點

（Mabry & Bhavnagri, 2012）。根據他們的研究，他們提出了一些建議，可以提升我們以文學來促進同理的一般性討論。他們指出，以討論為基礎的文學分析，參與式活動是重要的補充。例如：在閱讀一本書《關於家的要件》（*A Piece of Home*，中文書名暫譯）時，書中主角必須要選擇旅行時打包的物件，教師要求學生象徵性地將物件打包於一個盒子中，裡面裝著如果他們身處這種情況下要帶走的東西。在其他例子中，教師要求學生以故事主角的觀點來撰寫反思日誌。

他們建議「教師要求學生（1）以第一人稱寫作，就像他們是主角一樣，（2）在自己和主角的經歷之間建立個人的連結及（3）從主角的思想、感受和情境相關的提示來回答一些具體的問題，從而產生同理並從他們的觀點出發」（Mabry & Bhavnagri, 2012, P. 52）。

◁ 同理和歷史

如上所述，FIG 邁步練習活動也可以用來搭建與歷史人物之間的對話。和文學一樣，我們對歷史的研讀，往往是瞭解個體所面臨的挑戰及他們在該歷史背景下如何解決這些挑戰的方式。

歷史同理（historical empathy）是一種以多種方式定義

的概念，它可以描述歷史事件對於當時人們的影響。以這種方式，可以加深我們理解不同歷史時期的人們做出決策的原因和背景。它也可以指出對過去和現在的情感參與——關懷過往人們的處境，並且能夠將歷史的教訓應用於當代的生活（Barton & Levstik，2004；Endacott & Brooks，2013）。

在「時空跨域」（*Place Out of Time*，POOT）計畫中發現一個有趣的例子，計畫的一個分支在猶太宗教學校運行（JCAT-The Jewish Court of All Time, Katz & Kress, 2018）。在這個線上的歷史模擬中，以真實歷史事件或當代事件的「案例」為基礎，學生採用各種歷史人物的人格來進行辯論。為了在模擬情境中成功完成任務，學生需要瞭解屬於他們自己的見解，並思考自己的人物可能會有什麼反應。

該計畫一個近期的版本，要求學生考量這樣的一種情景：兩名法國青少年——一名猶太人和一名回教徒——起訴法國政府禁止他們戴頭巾。在該學年的 11 月，即這項模擬計畫的期間，巴黎發生了一連串的恐怖攻擊。這事件提供了一個（很不幸的）機會，讓自己和他人的感受有了交集。有一名學生扮演可可・香奈兒，這位時裝設計師同時也是一位反抗納粹的法國愛國人士，扮演的學生表達評論：

這些攻擊事件對我造成很大的打擊，當我聽到這些消息時，我就開始哭泣不止。我這一輩子幾乎都在法國生活，而事實上全世界都在為法國點燈和加油打氣。我很欣慰得知人們的關切。

學生瞭解了這項模擬如何促進富有同理的觀點取替。當研究人員對（放下扮演角色的）學生們進行採訪時，學生們發表的評論中表示「站在別人的立場並能夠與他們對話」。另一位學生提供了一個特別詳盡關於觀點取替的概要，他指出參與模擬遊戲讓他得到「瞭解與我想法不同的人的想法」和「從多個觀點看待問題的能力」。

◁ 同理和教育者

與其他社會情緒和品格發展的技能一樣，能夠實踐同理的教育者更有本事幫助學生培養同理。有鑑於話語的性質——在線上、在新聞廣播中——詆毀其他觀點並貶低抱持這些觀點的人，教室裡的成人，他們自己也有同理跌跤的風險。即便是那些大聲支持同理和相互理解的人——甚至頻繁實踐這些理念——也可能會忍不住懷疑，到底「那些人」為何要支持某些特定的政客或政策。一個同理的回應，需要以一種探究而不是困惑的方式重新建構那個問題。為什麼有些

人支持某個特定的事由或立場？問題本身並不是不合理的——只要它被視為是一個瞭解他人的開放機會。

　　很重要的是，教育者需要留意他們對學生（以及同儕、家長等）特定行事作為的假設，尤其是當他們沒有做到我們期待他們去做的事情時。在研究上述「時空跨域」計畫時，法伊（Fahy）、庫佩爾曼（Kupperman）及史坦茲勒（Stanzler）分享了一件軼事，是關於一位研究生指導學生在模擬中扮演歷史人物的角色，並參與關於角色的線上討論。有一名學生的貼文一直都有拼字及文法上的錯誤。對此，這位研究生的反應則是想要知道，這位名為「拿破崙」的學生是否真地關心這項指定作業。畢竟，他都不花時間檢查自己拼寫是否正確！最終，拿破崙的老師寫信給團隊，告訴他們這一位學生有嚴重的學習障礙，但這些貼文其實是這位積極進取的學生辛苦又費盡心思（即使拼寫錯誤）的努力成果。這位研究生在報告中表示，「在你瞭解整個故事的來龍去脈之前，不要對某人或某個情況妄下定論」。當他得知背後的完整故事後，這名研究生回報：「我的想法，從想要告訴他好好檢查拼寫，轉變成『哇，他願意參與時空跨域計畫真是太棒了，我們應該讚揚他所努力的成果。』」

　　在教師會議或其他場合中，教育工作者仍有一些活動可以進行，也就是瞭解彼此的觀點。例如：在《教育領導》

（*Educational Leadership*）中，霍爾（2018 年）建議，對教職員提出一些具有爭議的議題（霍爾建議如共同核心標準〔Common Core Standards〕或週末家庭作業〔Homework on Weekends〕），並要求他們思考雙方各自擁護自己立場的三個原因。然後，教師以小組的形式分享個人的觀點和背後的原因，並將提出的原因與推測的原因進行比較和對比。「目標（你需要加以陳述，並且很可能需要再次陳述）並不是改變主意，而是為人們提供一個論壇，以說明為什麼要堅持自己的信念——並讓其他人可以聆聽和學習」（Hoerr, 2018, P. 87）。這項活動也可以採用其他版本的形式，如本章和前面幾章所討論的 FIG 邁步練習或三區域活動。最後，如「感受徒步之旅」（請見 P. 139 框格 5.2）之類的活動可以讓你深入瞭解自己教育社群的不同成員在一天之中的感受。

框格 5.2　視覺練習：感受徒步之旅

想像一下，你自己在學校的大樓內散步。順道查看班級、午餐和下課休息時間、會議、課外活動、課後和夜間活動——包括一般上課日會發生的所有活動範圍。

■ 在徒步時，注意你在不同地點的感受。

■ 你在哪裡感受到正面的情緒，例如：自豪、喜悅及興奮？

■ 你在哪裡感受到負面的情緒，例如：焦慮、沮喪及憤怒？

■ 你在哪裡同時感受到這兩種類型的情緒？

■ 在這些時間及地點，可能發生了什麼事導致這些情緒？

■ 想想學生及／或其他教師在這些地點的經歷。他們很可能正在經歷某些上述的情緒。這件事將如何幫助你更容易理解他們的決定和行動？

資料來源：改編自 Novick, Kress, & Elias 2002

第六章

自我調節

在前面的幾個章節中,我們專注於自我覺察、社會覺察和同理,即認識和理解自己及同儕的情緒、信念、觀點和價值的能力。但是,在複雜與動態的社會互動中,瞭解一個人的感受只是要素之一。

我感到〔自行填空⋯⋯嫉妒、恐懼、興高采烈等〕。現在怎麼辦!?

學生會帶著自己的情緒進入教室。他們可能因為被家裡的事情或上學路上所發生的事情而心神不寧。他們可能因為沒有足夠的睡眠或食物而處於緊張的狀態。他們可能會因為心儀對象在走廊上向他們揮手,就神魂顛倒(或者因為他們沒有揮手而意志消沉)。

面對上學日,學生本身就會有不斷的情緒起伏——與同儕發生衝突,但聽到班遊的消息時又感到興高采烈。有一些

「品格」孩子的核心素養

作業可能看起來死板和無聊，有一些則令人感覺挑戰和沮喪。而且，學校課表沒有太大幫助。學校很早開始上課。午餐安排在預定的時間，無論是否有人肚子餓了。不管你的作業是否完成，下課鈴聲都會響起。課堂與課堂之間的轉換可能未必合理，上午 10 點在體育館劇烈運動，像三明治一樣夾在九點安靜閱讀和 11 點數學大考之間。

　　無論如何，在這一切之中，學生（以及教師！）即使在面對看似令人心煩意亂的的強烈情緒，也要保有動能。「自我調節」（self-regulation）一詞就精準說明應對這些情緒並持續朝著目標前進的能力。在我們的工作的整個過程中，這個術語的使用已經逐步演變。更早的時候，我們經常談論的是自我控制（self-control），而這仍然是談話中可以引起共鳴的一個元素。丹尼爾・高曼（Daniel Goleman）於 1995 年出版的著作《EQ：決定一生幸福與成就的永恆力量》[11] 讓「情緒劫持」（emotional hijacking）這個概念更加普及，也就是當我們遇到強烈的情緒時——那種需要「戰鬥或逃跑反應」的情緒——我們傾向於進入一種讓情緒和行為自動導航的狀態。如果有的話，我們會首先做出反應，然後再思考。自我控制的概念表述了管理這些情況的必要性，因為我們的

11　*Emotional Intelligence: Why It Can Matter More Than IQ*，繁體中文版 2016 年由時報出版發行。

反應——因為憤怒而踢打一位同儕，因考試心生焦慮而跑出教室——其實可能造成對我們自己和他人的傷害，而且可能無法體現我們希望引導自己人生和學生人生的品格。」

自我控制已逐漸被視為包含在自我調節這個較大的概念之中，自我控制這個術語，是用來描述一個適用於自身「內在狀態（情緒、認知）或行為上持續、動態和可適性的調節」（Nigg, 2017, P. 361）。更常見的是，我們使用該術語來描述面對分心情況仍可集中注意力的能力，無論是外部的（例如：過度的噪音）或是內部的（例如：強烈的情緒）。

有時，自我調節被批評為是情緒上的壓抑，以否定情緒來始終保持平穩。事實並非如此。我們的目標不是要創造沒有情緒的機器人。相反地，我們希望幫助學生瞭解自己的情緒經驗及在特定情況下的情緒需要，並發展實現兩者之間一致性的策略。套用一句適合放在勵志海報上的標語（事實上，我們就是在海報上看到它！）——我們擁有自己的情緒，而不讓情緒擁有我們！

例如：在察覺危險時，恐懼可以發揮指導性的作用。本質上，恐懼並不是一件「壞事」。有時，我們甚至會主動尋求恐懼（最近有看什麼恐怖電影嗎？）。但是，在考試或課堂上報告時那種會抑制表現的恐懼，就是情緒反應與情境不匹配的一個例子，這種情緒反應，其實是為了以對自己和他

　　　　　　　　　　　「品格」孩子的核心素養

人最有利的方式處理情況。其中涉及一種思維轉換，避免將因為強烈情緒引起的問題行為，歸咎於學生。因強烈的焦慮而逃離課堂，可能不是我們希望看到的情況，但它可以被理解為對強烈情緒欠缺其他應對策略的反應。我們想要提供更有生產力的應對策略！我們也同時指出，情緒與情境的不相配，可以朝其他方向進行。我們希望，敢於冒險的青少年，至少能清楚地意識到他們行為的危險（如果不「畏懼」這些危險的話）。

　　自我調節並不僅限於一般被認定為「負面」的情緒，儘管我們意識到與這些情緒相關的行為，就像那些大哭大鬧的小孩一樣，能得到最多的關注。情緒與情境的不相配，也可以出現在興奮、喜悅或類似的「正面」情緒中。例如：在學校假期之前，隨著學生興奮之情的抬高，許多教師注意到自我調節的挑戰開始了。一樣的，在這種情況下，「有問題」的不是這種情緒，而是後續無法集中注意力的情況。針對調節的內容，我們採取一種概括的方法。因此，雖然可以獨立地思考認知、情緒及行為調節，但我們接受這些要素的相互依存關係。

　　教師可以採取以下的重要步驟來為成功的自我調節奠定基礎。

⋖ 為自我調節奠定基礎

　　積極、溫暖的師生關係，特別是在低年級時，有益於促進學生的自我調節能力。「（一位）對學生敏感且有回應的教師，可能會透過與學生的互動來含蓄地教導行為自我控制」（Merritt, Wanless, Rimm- Kaufman, Cameron, & Peugh, 2012, P. 154）。

　　我們的建議是，這種含蓄的指導可藉由更明確的努力來為自我調節搭建鷹架。自我調節策略應該成為日常班級語言的一部分。提醒有助於學生實施策略；而重複和反思將幫助他們將這些策略加以內化。

充分地利用示範

　　對教師而言，每一個上學日都是幾乎不中斷的自我調節挑戰。本章後續將會討論一些自我調節策略可以給教師自己使用。若教師們將這些策略付諸行動，用來調節自身的情緒，這些實例就會成為學生的可教時刻。由於一個沒有預期的集會，留給你你僅剩四分之一的教學時間，讓你備感壓力又匆忙不已？來吧，深吸一口氣，重新集中注意力──讓學生看到你正在進行深呼吸。解釋你正在做的事以及你這樣做的原因。

一盎司的自我調節預防

　　針對史丹佛大學研究員詹姆斯・格羅斯（James Gross）所稱的「最具前瞻性」（Gross, 2015, P. 7）類型的自我調節策略，即**情境選擇**（situation selection）及其相關的「**情境調整**」（situational modification），採取積極主動的探討。這一類的策略涉及對環境的安排，以減少引發自我調節問題的可能性。雖然有些干擾超出教師的控制，但要創造一個較不干擾的環境，可以採取許多對策步驟。

- 瞭解學生的觸發因素。那些有時會引起他們爆發的不尋常事件是什麼？通常，教師可以看到情況即將發生並採取行動來干預。以下，我們將討論如何幫助學生理解**他們自己的**觸發因素。

- 特別注意轉換的時刻，因為這時可能會產生自我調節方面的挑戰。在從一項活動轉換到下一項活動前，與全班同學一起進行幾次深呼吸。以「入場卷」或分享圈來展開新的一天（請見第三章），或作為進入學習的轉換。

- 發布當天的日程表（如果你的對像是幼兒或閱讀能力有限的學生，可以採用圖片的形式）。與學生一起檢視這一份日程表，在一天的開始還是在日程表中的轉換時刻（「我們準備要下課了，休息後我們

就要上數學」）。當例行日程有改變時，在日程表
上明顯標記這些變化，並確保學生留意這些變化。

- 將那些對於學生較有挑戰性的活動（例如：考試）
  安排在他們精神狀態上較「清醒」時，而不是排定
  在午餐後進行。

- 考慮教室的佈置規劃，若是可能，提供專注而「安
  靜」的作業空間，以免受「吵鬧」的作業小組干擾。

- 如 P. 146 框格 6.1 所說明，進行「課間操」活動。

框格 6.1 「課間操」活動

步驟一：介紹「課間操」活動

■「今天，我們要來進行一個大腦「課間操」活動。
我們將進行一項『可以幫助你大腦更順利運作的活
動。』你可以在考試前或任何你想盡可能保持警
覺、深思熟慮之前來進行這項活動。」

■「世界各地的科學家都發現到了，我們的大腦會受
到外部事物的影響。」

步驟二：引導「課間操」第一回合

■「我會大聲說出指示，並數出次數。」

　　　　　　　　　　「品格」孩子的核心素養

（1）以指尖輕敲頭頂12次。

（2）以指尖輕敲頭部兩側12次。

（3）以指尖輕敲後腦勺12次。

（4）以指尖輕敲肩膀上方8次。

（5）以右手抓住右肩，將手臂向後旋轉4次。然後，向前旋轉4次。

（6）以左手抓住左肩，將手臂向後旋轉4次。然後，向前旋轉4次。

步驟三：引導「課間操」第二回合

■ 重複相同的「課間操」程式。

「這一次，當你進行課間操時，確保自己以鼻子吸氣、以嘴巴呼氣，並在觸摸頭部、肩膀等動作時保持微笑。微笑非常重要，因為它可以為我們的大腦提供氧氣，這有助於我們更有創造力且樂觀。」

步驟四：「課間操」匯報

■ 進行課間操活動的第一、第二回合時，你有感覺到什麼不同嗎？你有什麼不同的感覺？

■ 告訴學生們，在考試前或任何他們想要警覺清醒的情況，可以要求進行課間操的機會。

■ 在標準考試或其他考試之前，安排進行課間操活動。

■ 確保其他教職員瞭解課間操活動，或許他們也想嘗試。

■ 考慮採用「課間操」來開始教職員會議、教職員委員會會議或專業發展會議。

資料來源：改編自馬賽克課程方法

促進自我調節的一般方法

當自我調節是預防性（preventive）而不是反應性（reactive）時，最為有效。從極為強烈的情緒反應中平靜下來，是件相當困難的事，甚至可能被認為不可能做到的事。

孩子：〔大哭大鬧〕。

老師：好了，傑米，你冷靜一點。

孩子：我不能冷靜下來！！〔繼續哭鬧〕。

我們都知道，這位教師的干預徒勞無功（儘管我們都曾陷入這種陷阱。）。我們相信傑米的話。他面對如此鋪天蓋地的情緒劫持，以至於關閉了任何可能引導她試著自我調節

的理性思考。當這種徹底的「崩潰」發生之際，我們只能儘量減少它造成的影響。

處理情緒劫持的最佳方法，是一開始就避免它的發生。但是，我們如何幫助學生認清即將產生的崩潰情緒？我們的策略改編自社會問題解決／社會決策方法（Social Problem Solving/ Social Decision Making approach）中的相關資料（Bruene Butler et al., 2011；Elias & Bruene, 2005b），這其中包括了幫助學生（a）辨識自己在面臨壓力時身體所釋放的「早期警告信號」及（b）預測他們更有可能面臨自我調節挑戰的情況。

感受指紋（Feelings Fingerprints）

情緒有生理上正常的表現。笑容和淚水，我們都相當熟悉。伴隨著情緒劫持，強烈的情感經驗有一個身體向度，促使我們的戰鬥或逃跑反應。「自主反應」（autonomic response）這個字詞——指自主神經系統——通常用於描述發生的事情（儘管，從技術上來說，罪魁禍首是交感神經系統，自主神經系統的一個組件）。當這個系統受到威脅時，藉由將血液輸送至最需要的地方、遠離不需要的地方，它可以讓身體有所反應。

這是一個「全身」的反應，動員多個器官和身體。而且，

隨著血液流動體內的系統被喚醒或進入休眠，就像我們經歷的那樣，我們身體的這些變化是為了應對威脅。感覺暖和？一點也不奇怪，因為血液快速湧向你的四肢以提供戰鬥或逃跑所需的氧氣。心情緊張，握緊拳頭，開始磨牙？你的肌肉正在為行動做準備。有點噁心想吐？也許是由於消化——並非立即需要應對的短期壓力——休息一下。呼吸急促或換氣過度？你的血液正在儲存氧氣以作為能量使用（給生物及健康教育教師的註記：自主神經系統過度激昂的生物學基礎，可以與課程中很多地方連結）。

儘管我們在自主神經系統的運作上都有共同點，但我們發現人們特別習慣於注意至少它的一種表現形式。我們用「感受指紋」（Feelings Fingerprints）這個術語，來表示自主神經劫持發作的經歷會因人而異，但我們都有過這種經驗。感受指紋成為一種語言，用於理解一個人因自主神經過度激昂而「處於危險中」的跡象。

接著介紹一個概念，我們的身體在我們有強烈情緒時，會為我們提供一些線索，而不同的人會有不同的經歷感受，以下的感受指紋活動可能會有所幫助。

感受指紋活動

步驟一：詢問學生是否聽說過「我胃裡有蝴蝶，心情七

　　　　　　　　　　「品格」孩子的核心素養

上八下」這個說法，如果曾經聽說，這句話的涵義是什麼。用這個來介紹我們的身體在經歷情緒時會有許多感覺的概念。我們稱之為感受指紋。

步驟二：分享屬於你自己的感受指紋：利用圖像深入地說明身體的感覺。例如：「我的額頭上有一群踢踏舞的舞者」或「我的臉有如太陽般火熱」。

步驟三：請幾位學生分享他們自己的感受指紋。

步驟四：將畫有人體輪廓的紙張發下去，如圖 6.1 中的例子。請學生在人體輪廓圖上畫圖以說明他們如何經歷自己的感受指紋。請學生分享他們的圖畫。

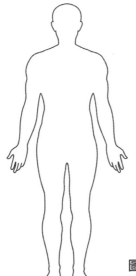

圖 6.1　感受指紋：當我有強烈的情緒時，我的身體如何告訴我？

針對高年級學生：感受指紋可以與生物科學的教材加以連結。在美術課時也可以專注於繪圖以更複雜的方式來描繪自己的感受。

情緒按鈕（Button Pushers）

什麼事可能會引爆我們的學生以及我們自己，什麼事可能會啟動我們的情緒按鈕，這些通常是可以預測的事。雖然，我們承認有一些普遍的情緒按鈕（浮現腦中的是持續戳肋骨），但也有許多個體之間的差異性，如同感受指紋一樣。對一位學生來說，一個看似無害或只是輕微惱人的事物，有可能就是另一位學生的按鈕。喬丹娜在匆忙之中會開始緊張冒汗，而時間壓力卻能讓伊莉絲發揮出最佳的一面。當伊莉絲需要進行演講時，她會感到噁心不適，而喬丹娜在眾人關注的聚光燈卻能發光發熱（只要她不匆忙著急的話）。

察覺到眼前即將發生的情緒按鈕，就可以事先做好準備。在輪到伊莉絲對班級演說之前，與其無助地看著時間一分一秒地流逝，感覺自己的胃裡越來越難受不舒服，她可以做的是認清自己的情緒指紋，將情緒指紋與即將到來的壓力加以連結，並採取必要的行動來調節自己的情緒。也許當她剛開始感到焦慮時，她可以藉由聽音樂來分散自己的注意力。或者，也許她會發現再次排練自己的演講很有用。最重

「品格」孩子的核心素養

要的是讓學生有一個積極主動的策略，讓情緒列車脫軌，不然就會直接高速衝撞情緒劫持的區域。

以下的活動及隨附的工作表有助於為一個可能有情緒劫持風險的情境搭建對話。在此舉一個例子：

介紹「情緒按鈕」

步驟一：查看並串連感受指紋

- 「誰能提醒班上同學，我們所說的『感受指紋』是指什麼意思？」
- 舉例說明讓你可能在班上經歷「感受指紋」的情況。要求學生分享自己的情況。

步驟二：描述情緒按鈕的概念

- 「就像我們每個人的身體會透過不同的方式告訴我們，我們正在失去冷靜，我們也會有不同的事物觸及我們的情緒按鈕，有誰明白這一句話是什麼意思？〔等待學生回應並根據狀況繼續說明〕。會觸及我們情緒按鈕的那些事情，是真正讓我們困擾的事情。不僅讓我們有點惱火，並讓我們開始出現那些感受指紋，讓我們知道我們正在失去冷靜。例如：對我來說，〔加入你自己個人經驗的例子〕。」
- 明確地表示，每個人都有可能出現令人在情緒上心

煩意亂的情況，即使是老師！

步驟三：借鑑學生的經驗，為識別情緒按鈕的重要性發展基本理由。

● 「有人可以分享自己的情緒按鈕被按下而開始失去控制的一次經驗嗎？你做了什麼？結果發生了什麼事？如果你提前覺察到，你正進入一個情緒按鈕，你可能會有些什麼不同的作法？」

步驟四：介紹情緒按鈕作業單（圖6.2）

● 「在我們開始今天要做的事之前，我們將會花幾分鐘時間，思考在堂課中可能會觸發我們情緒按鈕的一些事情。請思考這張作業單上的問題，然後寫下或畫出你的答案。如果你不想的話，也不一定要和全班分享你的答案。」

● 給學生一些時間完成作業單後，接著請幾位志願者分享。

步驟五：總結和計劃

● 「我們將學習一些策略，瞭解當我們的情緒按鈕被按下時要如何保持冷靜。現在，我是否可以聽聽一些想法，如果你碰到可能被按下情緒按鈕的情況時，你可能會怎麼做？」

● 在未來的分享圈活動中進行反思和回顧

● 「誰能提醒我們，什麼是情緒按鈕？在過去的一星期中，有沒有人發現自己處於被觸發情緒按鈕的狀態？在那種情況下，你做了什麼或你可以做些什麼？」

什麼時候我會覺得很難保持冷靜？

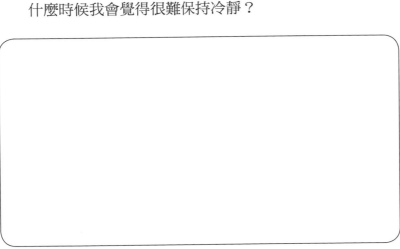

圖 6.2　情緒按鈕表單

保持冷靜策略

　　感受指紋和情緒按鈕，有助於我們認清自己處於失去冷靜的風險之中。現在，我們需要一種避免陷入這種困境的策略！自主神經系統的影響，很少有我們可以採取的直接干預措施來扭轉（顧名思義，它就是一個自主系統！）。儘管人

們可能希望血液可以流回胃部，這樣他們就可以完成午餐的消化，但實際上卻很難做到這一點。一個明顯的例外則是我們的呼吸。我們可以隨心所欲地加快或減慢我們的呼吸速度。當然，我們越是受情緒「劫持」，就越難做到這一點。再次重申，我們需要採取積極主動的措施。感受指紋和情緒按鈕提供預警信號，使我們有意識地駕馭逐漸升高的自主神經激昂（autonomic arousal）。

由於我們的呼吸是一種自主功能，我們可以相對容易地學會有意識地控制呼吸，提供了一個干預的機會。

如上所述，呼吸練習通常是正念或冥想的方法之一。呼吸作為一個焦點，以引起人們對當下激昂狀態的關注。隨著危機的逐漸逼近，呼吸也可以分散消極思想的注意力，這些消極思想足以滋養自主神經激昂，同時也是自主神經激昂的源頭。

考慮到這一點，保持冷靜策略（Keep Calm）被發展出來，並可作為採取替代行動的提示建議，以避免情緒劫持的發生。

保持冷靜策略的四個步驟為：
（1）告訴自己**停下來**。
（2）告訴自己**保持冷靜**。

「品格」孩子的核心素養

（3）**慢慢地呼吸**，同時用鼻子吸氣數到五，然後再慢慢呼氣數到五。然後，再重覆地做一次。

（4）**讚美自己做得很好。**

其中的每一項步驟都有一個特定的根本原因：

告訴自己停下來。	除了打斷自主神經過度激昂的生理因素之外，我們也想打破消極自我對話的循環，在這種情況下經常會伴隨這種對話。我們藉由這種替代性的對話來做到這一點：為較年幼的學生及／或在開始學習該技能時，大聲地朗讀，最終達到內化。
告訴自己保持冷靜。	與所有技能一樣，我們的目標是制定一個可於日常課堂中對話使用的名稱和提示。請記住，當「保持冷靜策略」成功實施後，最終成果可能是「無形的」。我們會觀察到的是，在原先會引爆他們的情境下，學生不會再感到生氣。因此，創建一個幫助此技能內化的提示，就顯得特別重要。
慢慢地呼吸，同時用鼻子吸氣數到五，然後再慢慢呼氣數到五。然後，再重覆地做一次。	如上所述，深呼吸是一種讓自我冷靜下來的常見策略。
讚美自己做得很好。	雖然我們始終是致力於加強學生在社會情緒學習技能的使用，但我們也希望內化這些積極的結果。再次說明，這對於自我調節尤為顯著，自我調節技能的使用對於觀察者可能不是那麼明顯。

以下是有關「保持冷靜」課程的基本準則，可於多個學習領域的情境中採用。

保持冷靜課程大綱（四年級，改編自 Elias & Bruene 2005c）

步驟一：發展基本原理

a 複習之前的課程。

b 與班級學生討論：當你冷靜時，更容易應對各種挑戰。以情境來舉例說明——以學生的生活、你自己的個人經驗，及／或採用近期課堂上文學或歷史的案例——在這些情況下，由於缺乏冷靜的解決問題方法，而讓問題變得更加嚴重。

步驟二：介紹「保持冷靜」技能

a 討論運動員和表演者利用深呼吸，作為在比賽前和比賽過程中讓自己冷靜下來的一種方法。

b 詢問學生之前是否曾想過這個方法或者是否注意到球員和表演者在活動開始前會做些什麼事。

c 告訴全班同學，你將與他們分享一種讓自己冷靜下來的方法，它就叫作「保持冷靜」。

d 介紹「保持冷靜」策略的四個步驟。

　① 告訴自己**停下來**。

　② 告訴自己**保持冷靜**。

　　　　　　　　　「品格」孩子的核心素養

③ **慢慢地呼吸**，同時用鼻子吸氣數到五，然後再慢慢呼氣數到五。然後，再重覆地做一次。

④ **讚美自己做得很好。**

e 向全班示範，當你示範的同時也描述每一個步驟。說明對自己說話、數數都是緩慢呼吸過程的一部分，使「保持冷靜」發揮作用。

f 讓學生進行練習的同時，提供反饋。例如：你可以讓他們在原地奔跑或跳躍十秒。然後說，「使用保持冷靜」作為他們練習的提示語，重複一次或兩次。

步驟三：計劃、提示與實踐

a 藉由詢問學生之前在課堂上曾討論過的哪些文學角色及／或歷史人物，可以從採用「保持冷靜」而受益，從而重新建立學習領域的連結。

b 透過讓學生預測自己何時發現使用「保持冷靜」很有幫助，進而與學生的經驗連結。強調「保持冷靜」的益處，因為它與課堂的成功有關；例如：在分心時有助你保持專注；在考試前平息緊張的情緒。

c 在學校一天當中都使用「保持冷靜」一詞作為提示，也就是在學習領域裡及在課堂上需要提到的情況（例如：在考試前帶著全班走完「保持冷靜」步驟；借

用小說文學裡兩個正衝突的人物進行「保持冷靜」角色扮演）。

d 在課堂上張貼「保持冷靜」的提示和該項技能的四個步驟。

e 在防治霸凌及其他相關倡議中使用「保持冷靜」策略。

步驟四：後續跟進

a 為幫助「保持冷靜」確切落實，請以小組形式及／或單獨與學生一起確認他們採用「保持冷靜」的情況。他們會在什麼時候採用？他們什麼時候可以採用卻沒有？

給低年級學生的一些建議

● 為了講解深沉地及冷靜地呼吸的概念，請學生示範他們會如何地聞披薩的味道。用「聞披薩」來提醒自己深深地呼吸、冷靜地呼吸。

● 請學生協助布置有「保持冷靜」提示的海報。

● 結合拼寫或詞彙（例如：感覺、平靜及憤怒）來介紹「保持冷靜」。

給高年級學生的一些建議

● 將「保持冷靜」融入同儕調解和衝突解決的計畫中。

「品格」孩子的核心素養

- 在自然科學的課堂上，討論「戰鬥或逃跑」反應的生物學基礎。
- 在自然科學或數學的課堂上，分別在學生壓力大和平靜時，練習脈搏測量繪圖（以手腕作為測量）。
- 請學生向較低年級的「學伴」介紹保持冷靜策略。
- 將深呼吸與瑜伽和冥想產生連結，這對某些學生可能是熟悉的。

在可以預見壓力的情況下，練習保持冷靜；例如：在考試之前或有學生需要在同儕面前報告時。

尋求在文學作品中的機會，來討論故事角色或歷史或當前事件人物的感受指紋和情緒按鈕。在創意寫作中，要求學生描述他們自己的感受指紋或者他們故事創作裡角色的感受指紋。

⤳ 處理失調問題

門砰一聲地關上了。大廳裡迴蕩著聲音和腳步聲。廣播系統傳來公告的聲音。房間裡太熱了。房間裡太冷了。空間太擁擠了，所以人們老是擋住彼此的路。有人在撿拾垃圾，有人在修剪草皮，有人在重新鋪設道路……就在你教室窗戶的外頭。

到目前為止，我們一直專注於自我調節的要素，這些要素都關於預防可能因不堪負荷的情緒而導致的不良行為。例如：當與同學爭論時，一位學生在回應帶刺的評論之前，他可以採用「保持冷靜」，而不是以同樣的話語回應。自我調節的範圍更是涵蓋了一般的日常挑戰，如何在艱困的情境下保持動力。這些自我調節的要素與恆毅力（grit）的概念有關，歸功於安琪拉・達克沃斯（Angela Duckworth, 2016）令人興奮的研究，恆毅力已成為一個常見的術語，用來描述面對障礙的毅力。與我們的總體策略一致，我們認為恆毅力來自於社會及情緒技能的成功運用，並創造了有利於實施這些技能的條件狀態。動機的討論，與自我冷靜（self-calming）的討論相關。一個要求（命令？）個人堅持覺得沒有動力的任務，它本身可能就是一個情緒按鈕。如果欠缺應對的技巧，催促學生「埋頭完成」一項極其無聊或令人沮喪的任務，就可能會導致他們戰鬥或逃跑的反應。

　　能夠自我冷靜有很多好處。它可以防止問題持續惡化。它還可以促成自我認知的改變；它可能有助於「改變一個人如何看待自己管理情境要求的能力（例如：『雖然做〔一項簡報〕讓人壓力破表，但我知道我可以利用我學到的方法來應對』）（Gross 2015, P. 9）」。此外，自我調節可以讓人進入或保持在解決問題的心態中，讓人專注在有關引起自我

　　　　　　　　　　　　「品格」孩子的核心素養

調節挑戰原因的目標（「我現在已經不會對明天的大型比賽感到恐慌了，我可以回去練習我的罰球了」）。

雖然偶爾使用「保持冷靜」就足以處理這種情況，但在多數情況下，「保持冷靜」不會直接解決從一開始就挑戰個人自我調節的問題。我們發現，將我們的方法區分為兩個要素有極大幫助：

（1）立即採取行動，抵制會引發不必要反應的情緒劫持。
（2）計劃一個策略來處理當前的狀況。

這些要素彼此支援互助。如果我開始發脾氣因為我同學不停地敲打他的桌子，為了處理這種情況，我需要避免發脾氣和引發爭端。我可以避免自己失去冷靜，但我的問題仍然存在。敲打的聲響仍然讓我感到火大。然而，我現在可以更有效地處理這件事；我的情緒是一個信號，表明我需要找到解決問題的方法。

無論學習環境設計得多麼完善，我們自我調節可以做得如何理想，令人分心的事仍然難以避免。我們建議積極主動地與學生共同預測和處理類似的情況。這過程可能需要解決問題的技能，第八章會詳述。就目前而言，以下這個處理分

心的活動（改編自馬賽克課程方法）提供了一個框架，讓你來思考失調的問題。

處理分心的活動

步驟一：引入自我管理的概念。

- 根據這些問題來進行對話：
  - ✓ 「你多頻繁地感到分心？」
  - ✓ 「你注意力不集中的原因是什麼？」
  - ✓ 「是否因為分心而難以完成家庭作業等相關任務？」
  - ✓ 總結一下，自我管理技能有助於減少分心並維持專注！

步驟二：引導關於分心的對話討論。討論什麼時候注意力不集中或分心會造成危險（例如：開車時、上下樓梯時、搬運重物或易碎物品時、參與運動或樂團活動時）。

- 請學生說出他們生活中分心時的一些例子。
- 提出以下後續問題：
  - ✓ 「你花了多長時間才能重新集中注意力？」
  - ✓ 「分心有多容易？在學校？在家裡？」

✓ 「曾經有哪些方法讓你成功地再次集中注意力？」

✓ 「分心一直是件壞事嗎？」

步驟三：學生建立一個圖表來監督自己的行為。

● 在空白紙張最上面寫下作為標題的問題：「此時此刻，我有在做我該做的事嗎？」

● 在這個問題下方，中間處畫一條直線將頁面分成兩半。

● 左半邊是日期和時間的欄位。

● 右半邊是「專注」的欄位，學生要在欄位中回答是否有在做自己該做的工作，寫下「是」或「否」。

● 學生可以藉由寫下日期和時間來開始他們的第一個記錄。大家都可以從回答「是」來開始！

步驟四：告訴學生如何使用圖表。

● 從現在開始，學生可以自己使用此圖表來檢視自己的行為並監督自己是否在完成指派的作業。它可以用於任何的課程。

● 告訴學生在他們選擇「否」時，在記錄旁邊加上注釋，解釋導致他們未完成任務的干擾為何。

● 注意：你可以決定你希望學生多頻繁地使用該圖表！

步驟五：制定計畫以定期進行「入場卷」活動。

　　讓學生知道何時使用此圖表及你將在何時與他們進行後續跟進。使用該圖表作為工具，讓學生專注於所有課程，並且盡可能地參考此圖表。你可以詢問學生，他們是否注意到某些特定的分心因素或特定的日子或時間，讓他們需要更多時間重新集中注意力。當學生在校內違反紀律被轉介輔導時，也可以檢視這些讓他們分心的因素。

⤳ 在數學學科的自我調節

　　「高風險測試」這個術語可以向學生傳達一個明確的訊息，即他們在測試中的表現的重要性。雖然，在任何一種學科情況下都可能出現自我調節的挑戰，但關於數學的學習焦慮，有特別健全的研究文獻。研究人員（例如：Foley et al., 2017）描述了對於數學的焦慮及成績不佳的惡性循環：隨著焦慮的增加，表現也會受到影響；隨著表現的下滑，焦慮也會不斷攀升。

　　羅澤克（Rozek）、拉米雷斯（Ramirez）、法恩（Fine）和貝洛克（Beilock）描述了一種旨在應對考試焦慮的干預措施 STEM 課程。這些作者描述了焦慮會如何干擾積極的學業成果（2019 年），並提出了兩條途徑：轉移並分散焦慮的想法及分散相關的生理激昂。為了應對這兩個挑

「品格」孩子的核心素養

戰，作者實施了雙管齊下的干預措施，在考試之前採用表達性寫作（expressive writing）及重新評估認知（cognitive reappraisal）。在此過程中，他們：

- 要求學生「寫下並表達自己的想法和擔憂」（Rozek et al., 2019, P. 1554）。正如這些作者所解釋的那樣，這「可以輔助情緒調節以及對壓力情況的感知控制，從而『減緩』擔憂，並釋放認知資源以用於優化表現」（Rozek et al., 2019, P. 1554）。

- 幫助學生重新評估焦慮，並瞭解如果以正向的方式引導，焦慮可以是激勵（我們會補充說，「保持冷靜」對此可以有所幫助！）。「也就是說，生理激昂（例如：心跳加速）可以被視為一種有益的、激勵的力量，而不是焦慮或失敗的跡象」（Rozek et al., 2019, P. 1554）。

另外舉一個實例，是取自作者和一所私立高中學校數學老師的合作。這位老師指出：（a）他經常要求學生以兩人一組共同解決具有挑戰性的數學題目；（b）對他的許多學生來說，數學是特別充滿壓力的學科領域。這兩項挑戰都可以依照自我調節來進行框架。如上所述，兩人一組或小組合作的社會性質，常常會導致學生「偏離主題」，而過度的壓

力會妨礙專注力。他也意識到，他的許多學生一整天下來承受極重的學業壓力，更別說是數學課了。這個學校長期實施基於一系列價值的品格教育計畫，這位數學老師決定更有意識地將他的努力與整個學校的計畫連結起來。他將學校核心價值強調的語言加入課堂的常規流程，花幾分鐘時間與學生討論他們如何理解並實踐這些價值。他要求學生在兩人一組／小組合作的互動時，有意識地關注這些價值。他更增加了「出場卷」活動讓學生分享特定的價值如何在課堂上的學習、在日常的生活中發揮作用。

很明顯地，這些對價值的嘗試，並未被學生視為從常規課堂學習的「中斷」，轉而專注在無關緊要的事上。相反地，這些價值被認為是對學習的一種增強，擴張了而非阻礙課程其他部分的學習。在一項簡短的反饋調查中（為了促進最大程度的表達自由，該調查由一名外部研究人員進行，並在成績抵定後匿名進行），調查結果顯現，學生強烈地支持這樣的運作，並認為它增強了他們在課堂上的學習。學生身處的環境對他們的學業有高期望，而數學可能是令人焦慮的一個話題。在學生們的描述中，基於價值的討論可以「緩解壓力」。基於大腦的教育建議，通常包括建議專注於較短的教育單元，讓單元之間有更多的休息時間。學生們也同樣欣賞這些單元「讓他們休息一下，為課堂帶來多樣性，並讓課堂

　　　　　　　　　　　「品格」孩子的核心素養

更加精采」。學生們也會發現他們的兩人一組／小組合作模式運行得更加順利，一名學生甚至表示，他學到的價值和自我調節技巧，幫助他管理了面臨的一個情況，當時他「正在進行物理課的一項小組作業，而一位小組成員有一點在混水摸魚。」

⋘ 體育教育及運動

隨著兒童肥胖及相關的健康風險不斷攀升，學校的體育教育（physical education）扮演了越來越重要的角色。根據我們的經驗，體育教師特別容易「瞭解」第二章中所描述的技能培養方法。他們與這種包括行動、情緒及思想的全面性方法產生共鳴。他們明白複雜的行動需要被切割為許多更小的單位，而過程中不急於求成。

體育也提出了一些關於自我調節獨特的挑戰。行為管理在這些課程中可能會特別困難。這些課程「是發生行為問題的主要場所，因為往往是較少結構化且更為開放的環境」（White & Bailey, 1990, P. 353）。那些不太擅長某一項活動的人，可能會提升自己及同儕的挫敗感。即使是那些表現出類拔萃的人，他們在學習和掌握新技能時仍可能會面臨挫折感（Kolovelonis, Goudas, & Dermitzaki, 2011）。

同時，體育提供了特有的機會和場所來處理自我調節，

這對某些學生而言特別具有激勵的作用。儘管以個人運動能力為特點的精采時刻無處不在，但要在體育競技活動中獲得成功——無論是團隊或是個人——往往需要與「自我努力」（self-exertion）相同程度的自我控制。當投球超出打擊區忍住不揮桿，或嘗試打出一記戰略性的安打，而不是將擊出全壘打當作唯一目標。選擇傳球而不是射門。為了保留自己的氣力，不必嘗試那種「不可能任務式」的打法，在球場上來回衝刺。當你在團隊中參與比賽時，你需要共同合作和耐心，同時也尊重各種優勢和限制性。

在罰球線上保持冷靜

當所有目光都集中在我們身上的關鍵時刻，壓力會嚴重阻礙我們的表現。即便是職業運動員也會在壓力下「失常怯場」。體育教師可以利用一些高度壓力的情境作為建立自我調節的機會。我們有一位共同合作的創意教育家就使用了籃球明星的短片（當時，主要以麥可·喬丹為主角）來說明他的論點。這名球員在排隊等待罰球時，會做些什麼？採取深呼吸一、兩次，並集中注意力。哇……勒布朗·詹姆斯（LeBron James）剛剛使用了「保持冷靜」的方法！棒球運動員進入打擊區時、網球運動員大力發球前，都會這麼做。如果「保持冷靜」適用於職棒球員楚勞特（Mike Trout）或

　　　　　　　　　　「品格」孩子的核心素養

是網球名將小威廉絲（Serena Williams）身上，那麼就當然適用於我們的六年級學生！體育提供了許多在「真實」情境中保持冷靜的練習機會。

有建設性的反思

以上，我們描述了一個數學老師的例子，讓他的學生反思自己作為一合作夥伴或團隊成員該如何發揮作用。這種反思的形式也可以成為體育課的一環，要求學生超越以個人球員「我做得如何？」的思維，將自己視為團隊的一員。我是如何支持別人的比賽？我在什麼時候適時地採取行動？我在什麼時候一同分擔行動？我是如何──或者我可以如何──在比賽時記住團隊合作？什麼事會分散我的注意力？

✂ 教育工作者的自我調節

當詹寧斯（Jennings）、格林伯格（Greenberg）評論他們的研究結果（2009 年）時，他們強調了自我調節對教育者的重要性。自我調節方面的挑戰，可能成為一連串的負面課堂結果。這可能會導致教師：

> 面對激起他們難以管理的情緒情況，他們的班級管理缺乏成效，班級風氣欠佳，他們可能會經歷情緒耗盡，引發「倦怠連鎖反應」（burnout cascade）。這可

能導致他們對學生、家長及同事產生一種冷酷、憤世嫉俗的態度（消除人格），最終會慢慢覺得自己是沒有用的老師（缺乏個人的成就感）。經歷倦怠的教師們比較難對學生表現出同情和關懷，對於破壞性行為有較低的容忍度，並且對於工作的投入度也較低（Farber & Miller, 1981）。

（Jennings & Greenberg, 2009，P. 498）

　　然而，有證據顯示，許多教師對於自己的自我調節能力缺乏信心，因此不太可能嘗試這樣做（Sutton, Mudrey-Camino, & Knight, 2009）。關於自我調節的一些相關建議如下：

留在社群裡──在壓力下的增強模式（或者，當我只想要大聲尖叫時，我該如何促進社會情緒及品格發展！？）

　　我們都曾有過這樣的經歷：一位學生以某種方式說了或做了某件事，正好觸發你的情緒按鈕。也許它正好在你面臨某些令人分心的專業或個人壓力時發生。或者，它正好發生在一切都順利進行之際，而破壞了本應美好的一天。不管是什麼，它都會讓我們面臨做出負面反應的風險，基本上可以說未能示範優秀的社會情緒及品格發展的行為。它有可能破

　　　　　　　　　「品格」孩子的核心素養

壞得來不易的社群建立。以下是有助於社會情緒和品格發展
的提示。

（1）找出什麼事物會觸發你的情緒按鈕

　　我們每個人對於類似的情況都會有不一樣的反應。在一
個充滿學生大聲辯論對話的教室裡，有人可以如魚得水地自
處，卻可能成了另一個人恐慌的理由。或者，你的高風險情
況，可能和這些學生沒什麼關係，而是和你平日的生活情境
有關，例如：因為上班途中高速公路堵塞而遲到或者離家出
門時與配偶和孩子起了爭執。知道什麼事會觸發你的按鈕，
可以讓你明白什麼時候要特別注意自己的反應。

（2）保持一個積極和解決問題的心態

　　當然，說起來容易、做起來難，但我們發現複習二十四
克拉教育黃金法則，有很大的幫助：**「對待你學生的態度，
就像你期望他人對待自己孩子的態度一樣。」** 即使你不同意
對方，也要對他人面臨的情況表示同理。

（3）練習「防止衝突升級」（de-escalation）[12] 的技巧

　　深呼吸？數到十？想像那個屬於你的快樂之地？不管

12　旨在防止當下的衝突升級，其中涉及解決衝突的方法，並致力於避免導
　　致衝突升級的行為。

你有什麼樣的技巧，識別出它是什麼並加以練習，即使在面臨較輕微的壓力情況下依然如此。另外，在處理人際關係時，提醒自己使用「BEST 溝通技巧」的社會技能（請見第七章）。這個首字母縮略詞，代表的是身體姿勢（Body posture）、眼神交流（Eye contact）、說適當的話（Saying appropriate things）及說話語調（Tone of voice），有助我們傳達尊重他人並希望與他們在一起的訊息。

（4）讓你的挑戰有助於你的學生學習

與學生討論在壓力下保持冷靜並集中注意力的挑戰，以及你所使用的各種策略。

第七章

溝通及關係技巧

⤳ 背景

　　想像一下你最糟糕的課堂經驗，無論是身為一位學生或是身為一位教師。很可能，你覺得沒有被適度地聽見。也許，在預期的程序中欠缺明確的說明。採用的說話語調可能令人倒盡胃口。最能說明問題的是，當你在那個課堂的時候或至少在課堂裡的許多時間中，你沒有感覺到與人的親密感和連結感，沒有相互尊重和舒適的感受。現在，將此經驗與你最佳的課堂體驗來進行比較。這樣的對照顯而易見。

　　基於這一點，在學術與社會情緒學習協作組織（CASEL）的五個核心能力框架中，溝通和關係技能在其中佔有相當重要地位，也就不足為奇了。這些是生活的一些基本面向——與母親和孩子在出生後立即互動交流，並因此啟動他們的關係有相關性。當然，許多事物會影響關係的過程，但在這個例子中，我們可以很好地洞察到關係是如何進行並藉由溝通加以鍛造。我們內心深處的關懷與愛的感受，

如果沒有適當地溝通（這包括年齡及文化上的適當性），就不會成為我們與他人關係的一部分。如果我們不向學生表達深切的關愛，或者如果他們無法準確地感知彼此之間的交流，我們的課堂就會更像我們記憶中最糟糕的那種經驗，而不會是最好的經驗。

我們之中有人與家長一同舉辦了一場工作坊，其中一項名為「孩子們都知道你展現了什麼」的活動。活動中要求家長們反思自己對孩子展現的各種感受的程度，包括愛、自豪、惱怒、失望、憤怒及樂趣。接著，他們要反思的是，當考慮到他們的孩子們有多大程度上**感受**到相同的各種感受。大多數人都驚訝地發現，他們表達的負面感受比他們意識到的要更頻繁，而且與他們給予孩子的正面感受不成比例。

他們的發現是，孩子們更有可能藉由彼此的溝通來推斷父母的感受，而不是他們的內在情緒或真實的意圖。在這個生活如此忙碌的時代、日程總是如此吃力、我們的時間和注意力嚴重地相互競爭，也難怪家長的不耐煩、惱怒、沮喪和焦慮會博得不成比例的表達。

對於教師來說，情況也沒有太大的不同。為了符合各種目標下的時間要求及壓力，導致我們對學生們也變得不耐煩或沮喪，並且比我們意識到的更頻繁表達這種情況。在我們盼求他們學習的期望中，我們可以看見他們未能集中注意力或

「品格」孩子的核心素養

努力學習的負面含意，比他們能看見的更為清楚。有時，我們感受到的緊迫感，比我們的關懷更頻繁及強烈地傳達出來。

但是這裡有另一個問題。

大多數時候——實際上，絕大多數的時候——我們傾向於假設人的表裡是一致的。我們不會假設，一個不唱歌、從不游泳、避免公開演說、幾乎從不在小組和團體中有效工作的人，真的有能力做到所有的這些事情。我們不會推斷一個表現自私、推卸責任、霸凌、打架的孩子，會是慷慨、負責又善良的人。當然，這些也可能是錯誤的假設。然而，可悲的事實是，由於我們對某些人的偏見，可能讓我們更傾向或更不傾向給予他們無過失的假定。結果是什麼？我們溝通的能力不僅是我們人際關係的核心，也是學生成功的關鍵。特別是對於有色人種的年輕人，尤其是那些受到多重及長期貧困創傷影響的人來說，任何缺點都不太可能歸因於不良的溝通和關係技巧，而是歸因於一些深切而普遍的不足。所以，我們必須投入時間來建立這些能力。

在手機及社交媒體上長大的孩子，他們往往缺乏建立積極關係所需要的技能，也缺乏與周圍的人、成人及同儕進行仔細和準確溝通所需的技能。當然，他們在這方面的技能會影響其他社會情緒學習技能，例如：對他人和自身感受的感知能力。但是，有一些溝通和建立關係的技巧值得我們關

注，我們將在本章中提供這些技能的說明。

　　屬於這個類別的技能有許多，本書無法涵蓋全部。在此，我們專注於在各種不同條件下溝通技巧對建立關係的重要性。

表格 7.1　合作與化解衝突之發展性預期		
	建立並維繫合作關係	化解人際衝突
（幼稚園到二年級）	大部分的時候在團體中表現良好；在同年級中有固定來往的朋友；願意讓他人參與團體活動的包容性。	與他人發生衝突時往往不會訴諸於暴力；試圖保持冷靜並好好地對話來化解衝突。
（小學）3-5年級	大部分的時候可以與團體中的其他人合作愉快，當被提醒要更好地與他人合作時，通常會有良好的反應（努力克服衝突並在團體中努力於工作）；至少與同年級和其他年級的一些同學互動良好；可以描述出同學的特點。	與他人發生衝突時不使用暴力或其他形式的侵犯行為；能夠用口頭的方式討論情況，而不責備他人；遇到困難時會向成人尋求幫助；至少在某些時刻，被針對時可以自信地面對他人。當同儕對他人霸凌、騷擾或取笑時，他有時可能會跟隨或沒有加以反對，但事後和他提及討論時，他會表達後悔之意。
（中學）6-8年級	在學校至少有一個穩定且積極的友誼關係；至少和一位成人有積極的關係；可以在團體的場合分擔責任（參加團體活動並聽取他人的意見）。	使用「我訊息」的溝通方法來化解衝突；不採用暴力策略；避免反覆地處於會導致衝突的情境下；可以讓自己從衝突情況中脫身；被他人針對時通常是自信地面對；觀察到他人的霸凌及相關行為時不會參與。

　　　　　　　　　　　　　「品格」孩子的核心素養

需要注意的是，大多數的兒童都依序地發展社會情緒學習技能，但不會依照一個嚴格的時間表。也就是說，對於孩子在溝通和關係技巧方面，抱持著一定年級可能發展的期望會有所幫助。P. 178 表格 7.1 涵蓋了多數教育工作者在他們與學生的日常互動中所見的發展性指導：

⋖ 為積極的溝通和關係奠定基礎

　　為了研究班級裡同儕關係的可能影響，貝爾（Bear）、曼茨（Mantz）及哈里斯（Harris）做了許多詳盡的研究（2019年）。他們指出了每個教師都知道的事情：當學生與班上同學的聯繫產生困難時，這會對班級產生負面影響，甚至會影響到整個學校。他們所引用的研究結果一致顯現，那些缺乏同儕接納及支持的學生，在許多負面結果的層面，他們比那些有更緊密關係的同儕面臨更大的風險，包括學業成績較低、攻擊性、霸凌及迫害、焦慮、抑鬱及不良的自我概念 。在他們的分析中，解決方案有兩個層面：環境和學生。就環境而言，他們指出的是干預策略，如促進更牢固且更積極的同儕關係、培養班級的凝聚力等；關於學生的層面，他們指出，有一些學生需要有效的技能培養經驗，以幫助他們在身處的環境中更成功地參與可用的關係建立機會並為之做出貢獻。

關於如何建置班級以培養成功又積極的關係，貝爾等人向教師們提出了以下的建議：

（1）制定並明確地溝通各項規範，包括支持親社會行為和學業參與、反對反社會行為，並引導學生相信其他人確實關心自己。讓學生參與共同建構這些規範，將其張貼於明顯的位置，並明確地引用這些規範。

（2）採用一種權威方法，這是指你必須清楚地說明所採取任何紀律相關行動或行為干預的原因。這種方法向學生同時傳達關愛和堅定，這是建立積極有效的班級環境的重要組合。專制的班級管理方法和學校紀律，其特點是強調嚴格的規則及使用懲罰手段，往往會讓學生產生不信任和焦慮感，這些會同時干擾關係建立及學科學習。這種權威方法所強調的，是情緒支持和要求的平衡組合。對於積極的班級關係，情緒支持可能是最為強烈的影響了。

　　a 始終如一地溝通對於相互尊重和責任的期待，及它們適用於教室內、外，以及在學校一天中的每個階段，包括課外活動、到校和離校，甚至是在校車上的時候。

　　b 突顯你所看到的正向同儕關係的例子，並鼓勵學生在親社會行為方面讚美並支持彼此，例如：讓

　　　　　　　　　　　　「品格」孩子的核心素養

學生們每個星期為每一位學生張貼讚美小字條
（praise notes）。

c 找一些方法來分享所有學生的優勢、興趣、愛好、
技能及才能。

d 在特定的專案及任務中，利用一般座位來促進多
樣化的互動，包括安排一些學生在挑戰／輔助的
情境中，以發展他們的關係及溝通技巧。

回應式班級（www.responsiveclassroom.org）也提供了豐
富多元的許多建議。這種方法相當著重於關係，而關係要透
過溝通來進行調解。他們推薦的許多技巧可供學生在團體工
作的環境中作為領導者和促進的小組成員使用，以及可供教
師和相關支援專業人士在領導學生團體中使用。

增強進步及努力

無論是什麼年齡或學習能力的兒童，當得知自己哪些事
表現良好或有進步的反饋，都可以從中受益。請特別留意他
們的各種成果，無論大小，無論是例行的活動、任務或特定
的主題領域。也要注意他們在人際關係的改善。藉由私下的
對話和個人筆記，讓學生以集體和個人的方式得知。

鼓勵尊重不同的意見

要成為一個良好運行的團體或團隊中的一員，意味著大家能以尊重的方式提出不同意見。教師必須指導這些小組成員／隊友／同學表達不同意見的重要性及如何以合適的方式進行。使用以下所述的「BEST 溝通技巧」作為指導，可能會有所幫助。當情緒相當強烈，同時無法採用尊重的方式來表達分歧的意見時，使用「不同意盒子」（Disagreement Box）方法，先將疑問擱置在其中，之後再進一步跟進討論，可能會有所幫助。

平息違抗的行為

即使有適當的訓練和程序，也不是所有的分歧都可以輕鬆地管理。當群體成員在意自己正在進行的事情，並且與他人意見有極大分歧時，他的反應可能會逐步升級為公然違抗。在這種情況下，團體領導者（無論是成人還是學生）應該要注意到：

- 以平靜的態度說話。
- 保持評論簡短──不要說教。
- 提醒這位心煩氣躁的人關於意見分歧的規則、團體參與的規則，如果難以平息衝突的話，請他去一個安全和平靜的空間。

- 使用 BEST 溝通技巧中的身體姿勢、語調及眼神交流（如下所述）——避免採用直接的對抗方式。
- 使用我訊息。
- 嘗試重新定向或推遲；不要談判協商或給予開放式的選擇。
- 準備好深呼吸、放鬆，讓大家明白，當所有相關人員都可以和緩平靜地對話時，再繼續進行這件事。

反思性的結尾

以一個結尾的儀式來結束一天，是一種顯現溝通及尊重的強大形式。它重申了一個班級／團隊／小組的完整性及他們之間持續的關係。在許多的活動中，可作為反思性結尾的一部分，包括對一整天所經歷的善意、關懷、有益行為的公開致意；從班上、從學校習得的一個或多個精華重點；發生了意想不到的事情；隔天上學時值得積極期待的事；在放學前，平靜的呼吸、想像或聆聽鐘聲。

建立溝通技巧的一般策略：使用你的BEST溝通技巧

BEST 是一個首字母縮略詞，指的是一組跨文化溝通技巧的基本組合：

- B 代表身體姿勢（**Body posture**）
- E 代表眼神交流（**Eye contact**）
- S 代表說適當的話（**Saying appropriate things**）
- T 代表說話語調（**Tone of voice**）

（改編自：Bruene Butler, Romasz- McDonald, & Elias, 2011; Elias & Bruene Butler, 2005c , 2005b , 2005a）

例如：在不同的情境下，不同的說話語調可能是恰當，而這可能會因為不同文化而有所差異。然而，不變的是說話語調對於成功、清晰的溝通很重要。身體姿勢、眼神交流及使用言詞（Speech）也是如此。

以下的課程，展現如何為幼稚園到小學三年級族群介紹並練習 BEST 溝通技巧。緊隨其後的是針對較年長學生運用 BEST 溝通技巧的方法。在任何情況下，為了尊重可能適用的文化規範及期望，你都應該加以調整。

目標

- 介紹 BEST 溝通技巧的概念
- 以自信且尊重的 BEST 溝通行為來進行示範並提供概述，如身體姿勢、眼神交流、使用口語和說話語調來展現

　「品格」孩子的核心素養

- 一開始，教導孩子區分 BEST 溝通技巧的自信行為及帶有攻擊性或消極的行為
- 在簡單的互動中，讓孩子有機會練習 BEST 溝通技巧的行為，例如：打招呼和說再見

教材

- 向全班展示「實行你的 BEST」
- 自由選項：向全班展示「實行你的 BEST」表格（P.186 表格 7.2 是作為示範的格式，你可以利用它來設計屬於自己的表格）
- 準備一系列的照片及／或短片，關於芝麻街、《愛探險的朵拉》、迪士尼的電影、PBS 兒童台《亞瑟小子》的人物角色及其他描述良好溝通技巧的相關資源（適當的身體姿勢、眼神交流、言談中使用適當的詞彙及良好的說話語調）及一些展現攻擊性或消極的身體姿勢、眼神交流、言詞或語調的影片。在本主題教學活動的第七個步驟中使用它們。

表格 7.2 「實行你的 BEST」表格

	太多	太少	BEST 溝通技巧
身體姿勢			
眼神交流			
口語表達			
說話語調			

指導活動

（1）介紹「實行你的 BEST」新技能

a 說明每個人都將學習一項強大的新技能，這將有助
於大家以尊重的態度對待彼此。說明：「當所有團
隊成員都能做到 BEST 溝通技巧，並且感到備受尊
重時，這就是一個成功的團隊——團隊中的每個人
都有權利說出他的想法和感受。重要的是，要知道
如何以一種展現尊重的方式告訴人們你的想法和感
受。」

b 在對著全班的展示說明中，指著「實行你的 BEST」
的每個字母及插圖並加以解釋。當你指向每一步驟
時，也同時展示其中的概念（例如：好好站直、肩
膀向後，手臂放鬆於身側來展示「身體姿勢」）。
說明：B 是身體姿勢；E 代表眼神交流；S 代表口語
表達（說適當的話）；T 代表說話語調。當你和其

「品格」孩子的核心素養

他人在一起相處時，有三種不同的行為模式。在任何情況下，你都有可能是「太多」、「太少」或者確實做到 BEST 溝通技巧。

（2）描述並示範「太多」的行為（Too Much behavior）

a 如果有可能的話，以一個木偶或是插圖來表現**太多**。說明：「**太多**是指某人在表達自己的想法和感受時，非常地咄咄逼人、專橫、高聲吵鬧，有時甚至會顯得刻薄。**太多**往往指不關心他人的想法或感受，也通常不是一個良好的聆聽者。」

b 當你指向 BEST 溝通技巧中的每個字母和象徵物時，示範「太多」的 BEST 溝通要素。**B**：身體姿勢——緊張且緊繃的肌肉；背部僵硬；凌駕於他人之上，跺腳；握緊拳頭；**E**：眼神交流——瞪眼；尖銳地凝視；**S**：言詞——威脅、侮辱、貶低的言語、憤怒的字眼、專橫跋扈（為你的小組提供適合的例子；例如：愚蠢；笨蛋；你是個混蛋；不，你不能一起玩！）；**T**：說話語調——刺耳的、高聲吵鬧的、生硬短促的、大喊大叫的。

c 詢問學生：「這種**太多**的行為讓你有什麼感覺？」

（3）描述並示範「太少」的行為（Too Little behavior）

    a 說明：「**太少**的行為模式非常地溫順和害羞，並讓其他人隨心所欲。**太少**的人相當擅長尊重他人表達想法及感受的權利，但他們不會確保自己的權利被認可。」

    b 以一個木偶或是插圖來表現**太少**，示範及描述 BEST 溝通技巧的要素。**B**：身體姿勢——無精打采的、彎腰曲背的、頭低著、拖著腳、緊繃的身體；**E**：眼神交流——眼睛看著地上、眼睛看向別處、短暫地進行眼神接觸，接著就轉移目光；**S**：言詞——含糊而不直接的用字（我不知道；嗯，有一點吧；或許〔含糊地說話〕）；**T**：說話語調——語調低沉、猶豫且尖細。

    c 詢問學生：「這種**太少**的行為讓你有什麼感覺？」

（4）描述並示範尊重的 BEST 行為

    a 說明：「當人們採用 BEST 的行為時，他們表達自己的想法和感受時，也會尊重聆聽者的權利。當我們實行 BEST 溝通技巧時，我們也會傾聽其他人的想法和感受。」

    b 描述並示範「實行你的 BEST」要素：**B**：身體姿勢

        「品格」孩子的核心素養

——站立或坐挺坐直。不要駝背；**E**：眼神交流——以友善的方式看著對方的眼睛；**S**：言詞——說出你的所見所聞，使用友好的用詞，不要使用惡劣的或侮辱性的用詞；**T**：說話語調——使用平靜而一致的說話語調。

c 讓孩子們知道，你將向他們示範如何使用「實行你的 BEST」來打招呼。然後以實例說明以 BEST 溝通技巧向他人打招呼時的樣子：**B**：身體姿勢——昂首闊步，腳步之間帶有輕快的彈跳步伐。當你接近他人時，請停下腳步以進行真實的接觸。面對著對方；保持著輕鬆的姿態。不要駝背。臉上保持著友好的表情；**E**：眼神交流——看著對方，眼神中帶著友善且快樂的神情；**S**：言詞——選用友好又有禮貌的用詞；例如：說：「早安。你今天好嗎？」（根據當地語言和規範來調整你的用字）；**T**：說話語調——使用平靜而一致的說話語調。

（5）實踐 BEST 溝通技巧

a 提供 BEST 行為的具體示範後，讓孩子們有機會練習和模仿示範的行為。根據學生的成熟度，可以選用以下策略的組合：

i. 請學生圍成一個圓圈站著。選擇兩位具有良好對話技巧的學生來模擬他們早上如何向對方打招呼。問學生們，這兩位角色扮演者是否使用了 BEST 溝通技巧行為。他們觀察到了什麼？

ii. 為學生提供機會去實踐他們所觀察到的東西。可以這樣做，例如：繞著圓圈讓學生練習，一次一個，接受右邊學生的問候，然後轉身向左邊的學生打招呼。如果小組足夠成熟，同學們也可以兩人一組來練習。

（6）根據表現的反饋提供反覆練習的機會

a 讚美學生符合 BEST 標準的具體行為，針對他們在行為排練中遺漏的層面給予正向的修正提示。實行後所得到的反饋會發展為技能，而改進需要依據反饋的反覆練習。技能的發展需要多次的練習機會。你可以藉由提供指導來促成技能的發展，就像劇場導演所提供的指導一樣，無論是在這堂課中或是其他日常活動之中。

b 詢問學生：「你使用了 BEST 溝通技巧的哪些部分？你能想出一種讓 BEST 溝通技巧變得更好的方法嗎？」為學生提供具體的反饋有很大的幫助。

「品格」孩子的核心素養

c 例如：

　① 「關於說適當的話，你這方面做得很好。不知道你能不能用大聲一點的說話語調？再試一次，看看是否能讓你的 BEST 溝通技巧更好。」

　② 「你的說話語調很好，用詞也很適當。如果你可以再試一次的話，你的 BEST 溝通技巧可能會更棒，記住在打招呼時進行眼神交流。再試一次，記得看著他的眼睛。」

（7）練習識別 BEST 的行為要素

　a 給學生看（提前準備好的）照片或影片，以 BEST 行為來說明角色之間的溝通交流。要求學生描述他們觀察到的身體姿勢、眼神接觸、口語表達和用詞以及語調。

　b 描述這些行為的同時，如果是 BEST 行為，請學生豎起大拇指，如果是太多或太少的行為，請學生將大拇指朝下。對於太多或太少的行為，詢問學生他們是否能想出一種方法，讓這些角色可以改變自己的行為，以實現 BEST 溝通技巧。

　c 讓學生以角色扮演來示範 BEST 行為會是什麼樣子。請幾位學生來提出改善建議，讓太多或太少的行為

變成 BEST 行為。

（8）後續跟進

    a 課堂上指定作業：要求學生分享他們在這個課程所學到的東西。請他們思考，使用 BEST 溝通技巧的重要時刻。讓孩子們知道，當他們需要改變他們的行為時，你會使用「BEST」這個字詞作為提示或提醒。請孩子們練習使用自己的 BEST 溝通技巧。

    b 以下各項活動將給學生機會在上學時、在家時持續使用這些新的概念。

      ①將全班分成四人一組的小組，請每一組畫出並裝飾 BEST 溝通技巧的其中一個字母。

      ②作為一個團隊，他們要來說明他們這個字母的代表意義。

      ③在班級展示他們的 BEST 字母繪圖，可以作為「實行你的 BEST」視覺上的提示和提醒。

（9）促進技能的傳遞和推廣

    a 一整天都持續使用 BEST 指導和技巧提示。鼓勵孩子們提示彼此要使用 BEST 技巧。

    b 尋找機會來識別並讚美特定的 BEST 行為，例如：

「品格」孩子的核心素養

良好的說話語調、友好的眼神交流和身體姿勢及適當的用詞。

c 使用你設計和收集的照片和插圖,將它們彙集在一起,並在課堂上展示「實行你的 BEST」表格。P. 186 表格 7.2 是一個空白的範例,你可以在設計表格時作為參考。可以使用海報硬紙板或其他較大的展示面板來製作你們的教室表格。

d 製作和展現 BEST(和其他 SECD 技巧提示)海報,並張貼在教室中及校內的其他地方。不時參考這些技巧,以幫助孩子學習將 BEST 技巧傳遞並推廣至多種不同的情況及環境之中。隨著學生獲得更多練習在識別這些行為的區別後,就有可能使用海報上的提示技巧。

e 大聲朗讀故事時,指出使用 BEST 行為的人物。

給教師的提示

(1)這個主題的目標是展現 BEST 行為,以行為展現什麼是尊重的溝通,看起來、感覺起來、聽起來是什麼樣子。一旦完成教學後,目標是提供 BEST 溝通技巧多元且不同的實踐機會,幫助學生發展所需的技能,以達成他們以尊重的方式與他人相處和溝通

的行為期望。

（2）在行為上**過多**和**過少**的這兩個術語，隨時間而有所演變。在一些早期的工作中，他們被稱為「怪物和老鼠」——與較為年幼的孩子一起使用這些術語，以協助描述攻擊性行為和消極行為之間的區別。這些術語是引用自作者派特·帕爾默（Pat Palmer）的作品《老鼠、怪物和我》（*The Mouse, the Monster, and Me*，1977, Impact Publishers），這是一個很好的資料來源，但內容著重於尊重和責任，而不是深入並詳細地介紹行為上的區別。此外，老鼠、怪物看起來就像是貶義的標籤，而不是描述。考量到這一點，我們開始使用「導火線」（Blaster）和「畏怯者」（Shrinker）這兩個術語。現在，我們又再次改變了專門用語，這一次是由於「引發爆炸」的暴力涵義。你可以隨意地替換任何你認為可能對你某些學生更有描述性、吸引力的術語。

（3）很重要的一件事，是在被視為適當的 BEST 行為中，納入對文化和種族差異的意識和尊重。例如：基於尊重，拉丁族裔的兒童可能不太能與成年男性進行眼神交流。這些差異可以明確釐清，只要藉由詢問孩子是否在某些情況下，他們不想要進行直接的眼

神接觸、昂首挺胸，或採用任何他們在其家庭或文化中學到的、推薦的行為。這是一種進一步闡明使用 BEST 尊重概念的方式，在某程度上也可以培養文化能力和意識。

（4）這一項活動旨在介紹 BEST 溝通技巧，使用簡單的社交場合。目的是為孩子們提供重複性的行為練習，以便他們在展示 BEST 技巧上獲得經驗和成功。這項活動提供基礎給更具情緒挑戰的情境，例如：面對他人的取笑捉弄、霸凌、憤怒、恐懼或是令人異常沮喪的情況。

（5）你可以提供一些展現尊重及不尊重行為的例子，並要求孩子將大拇指朝上或大拇指朝下，來表達是 BEST 行為或不是 BEST 行為。例如：

- 有人為你握住門開著等你進入。
- 有人搶走了你手中的玩具。
- 有人因為你不小心撞到他而對你大呼小叫。
- 有人等你發言結束之後才開始說話。
- 有人對你辱罵。

（6）BEST 溝通技巧向孩子介紹了一些強大的提示，其中包含許多社會技能計畫的關鍵目標行為（姿勢、眼神交流、避免不當的語言及保持和藹可親的的語

調）。在審查與我們合作多個學區的紀律資料時，我們注意到，學生會被處分，往往是因為激怒其他學生或成人，透過侮辱、挑釁的語調、帶有攻擊性的身體姿勢、怒視的眼神交流或抱怨以引起其他小組成員的反應。因此，改善的 BEST 溝通技巧行為，成為一種反挑釁的訓練形式。

「實行你的 BEST」：學術之關聯性

　　BEST 溝通技巧可以融入到許多不同的學科情境及教學內容中：

（1）BEST 溝通技巧可用於語言相關文科，讓學生瞭解這些作者如何刻畫人物。在低年級的繪本中，教師可以提醒學生注意人物的身體姿勢和彼此之間的眼神接觸，及注意這些文人如何傳達說話的語調。隨著學生閱讀技能的發展，他們可以瞭解作者如何針對不同的人物使用 BEST 不同的溝通技巧。

（2）每當學生需要進行正式或非正式的報告時，他們都可以利用 BEST 溝通技巧來進行練習，讓他們的溝通盡可能達到最有效的程度。P. 197 框格 7.1 是一個 BEST 溝通技巧的溝通準則，可以讓同儕協助彼此進行練習和準備報告。

（3）當學生分組一同合作時，可以提醒他們採用 BEST 溝通技巧的行為來進行有效合作。

（4）在衝突解決、修復式圈或任何與紀律相關的情況下，可以提醒並激勵學生在與同儕或成人交談時使用 BEST 溝通技巧。

框格 7.1　BEST 溝通規準

使用這個規準幫助學生瞭解 BEST 溝通技巧，然後有建設性地給予彼此反饋，說明他們在不同情況下交流想法／作品的能力。這可以用於任何的一門學科領域，包括體育和其他特殊領域。

你的夥伴是否已做好準備要溝通自己的想法／作品，請以 1 至 3 的等級來評比。

1 ＝還沒有準備好要報告
2 ＝再多一些練習就會相當完備
3 ＝充分地準備好向大家報告

夥伴姓名：＿＿＿＿＿＿＿＿＿＿＿＿＿＿＿＿＿＿＿

你的姓名：＿＿　＿＿＿＿＿＿＿＿＿＿＿＿＿＿＿＿

BEST 溝通技巧之類別	評分（1-3）	附註
身體姿勢		
眼神交流		
口語表達		
說話語調		

建立健康的關係

本書中所有增強 SECD、社群建立之活動，都奠定了發展積極且健康關係的基礎。甚至，我們也建議直接地應對此議題，如下方的活動所示。（改編自 Bruene Butler, Romasz-McDonald, & Elias, 2011; Elias & Bruene Butler, 2005c, 2005b, 2005a and the MOSAIC Curriculum, www.secdlab.org/MOSAIC）

目標

學生有能力辨識並描述健康的人際關係。

素材

● 學生反思日誌

教學活動

（1）介紹主題

- 確保學生們理解「關係」的意義。
- 清楚地說明，**關係**不僅指戀愛的關係，也指在他們生活中與朋友、家庭成員或是任何一位成人的情感連結。
- 徵求學生的意見，請他們說明建立健康關係的意義。
- 請學生思考關係將如何影響他們的未來生活、大學及職涯目標。

（2）介紹日誌分錄的自由寫作

- 向學生說明，自由寫作是指他們要針對一個主題來進行寫作，直到被告知停下為止。
- 向學生說明，他們必須彼此分享自己的作品，因此應該要尊重其他學生的隱私，不應該分享他們不願意分享的細節。
- 提供寫作提示：「描述你認為什麼是良好的友誼。你如何建立一段良好的友誼？你如何努力成為他人的好朋友？」
- 請學生在他們的反思日誌裡，使用五至十分鐘回應寫作提示的問題。

（3）兩人一組，針對自由寫作進行反思

- 為每一位學生指派一個夥伴。
- 請學生們與夥伴交換日誌，並閱讀彼此的回應內容。
- 請學生們比較他們的回應內容，找出自由寫作中記載的分錄至少一個相似之處和一個差異之處。
- 請一些學生分享這些分錄之間的相似之處和差異之處。
- 總結學生發現的相似之處，並指出建立友誼方法上所存在的一些不同意見。
- 強調學生在他們的回覆內容中呈現的價值及／或技能。

（4）對話 #1：建立健康的人際關係

- 採用以下的討論問題，你可以根據不同問題來進行分組，讓學生採兩人一組、分成幾個小組、分成兩大組、或以全班的形式回答問題。

問題討論

- 你如何建立新的友誼？
- 結交新朋友的難處是什麼？
- 你如何維繫一段友誼？
- 友誼之中會出現哪些問題？
- 你如何努力地成為他人的好朋友？
- 你是如何知道什麼是好朋友？有人教導你嗎？

- 你是否有過這種經驗，覺得作為一個好朋友很難？你是如何克服這件事？
- 在什麼時候，覺得作為一個好朋友很難？

（5）對話 #2：比較健康與不健康的關係

- 在學生針對健康的友誼進行探索之後，請他們思考是什麼事情會讓一段關係變得不健康。使用以下的討論問題，你可以依據不同的問題分組，請學生採兩人一組、分成幾個小組、分成兩大組、或以全班的形式回答問題。

問題討論

- 導致關係不健康的因素是什麼？
- 健康和不健康的關係之間有什麼區別？
- 描述 100% 不健康的關係，接著描述 70% 不健康的關係。兩者之間有什麼不同？
- 你認為學生可能與朋友、家人或他人的關係不健康的原因是什麼？
- 當你認為自己與某人的關係不健康時，你會怎麼做？
- 後續跟進與學科之關聯性。
- 幫助學生注意他們所選擇建立的各種關係——視情況而定，詢問學生關於他們的友誼／同儕關係中正面或負面的層面。

- 健康關係和友誼的概念，與許多班級和學校的流程及內容領域相關：

- 所有的文學作品都圍繞著關係和友誼的主題。讓學生描述關係和友誼的本質，並區分良好／有益／健康的關係及不良／有害／不健康的關係，這可以從小學初期就開始進行，一直到高中。

- 歷史／社會研究和時事中的事件也涉及人和群體之間的關係，可以作為分析的框架。

- 在班級裡、不同的課堂上，學生們會建立健康及不健康的友誼。在介紹了這些概念之後，有需要的話，藉由幫助學生反思他們這些關係的性質，來加強這些概念。

- 多數的健康教育課程都談論到同儕之間或家庭內部的關係。這些對話可以配合在這些情境下所呈現的內容。

- 人文藝術學科時常會描述到關係，在關於這些描述的討論中，可以納入關於健康及不健康的關係以及其所呈現的樣貌。也可以和非語言的交流模式一同討論。

- 心理諮商師、學校的心理師、社會工作者及其他與紀律問題的學生一起工作的人，往往會發現這些學

　　　　　　　　「品格」孩子的核心素養

生會有不健康的關係和友誼。使用這些熟知的概念
來談論這些情況如何得到強化。

≪ 維持健康的關係：透過「我訊息」來進行溝通

為了維持積極的關係，學生需要能夠成功地應對意見分
歧。採用 「我訊息」來針對衝突進行溝通，是防止衝突加
劇的方法之一。以下的活動提供了一個基礎來介紹並練習這
項技能。

目標

學生有能力針對範例中的情境提供「我訊息」的回應。

素材

● 學生講義（請見 P. 204 表格 7.3「我訊息」的類型）

表格 7.3 「我訊息」的類型

「我訊息」是一種告訴別人你的想法或感受的方式。藉由採用「我」而不是「你」所開始的句子，其他人將更有意願聆聽你所要說的話。

（1）我相信／認為……

- 分享信念／價值

（2）我需要……

- 當你想要他人為你提供協助時

（3）我覺得……

- 當有人妨礙到你的需求時

（4）我不想……

- 當你想要拒絕他人時

步驟一：介紹四種類型的「我訊息」

- 向學生說明，清楚地表達你自己的想法及感受，是健康關係的重要元素。

- 詢問學生，他們是否曾經和一位朋友之間出現問題，他們不知道如何談論這個問題。

- 藉由給學生講義／圖表上的說明來介紹「我訊息」的概念及類型。請學生閱讀框格 7.3 之中四種類型的「我訊息」。

「品格」孩子的核心素養

● 透過以下的問題，進行定義「我訊息」的課堂討論。

問題討論

● 你覺得「你訊息」（u-Message）是什麼？

「你很煩人。」

「你打擾到我了。」

● 當有人使用你訊息與你對話時，你會有什麼感受？

● 你認為我訊息會有更佳效用的原因是什麼？

● 你訊息讓人感受不佳，因此他們就有可能充耳不聞！

● 你能想到一個例子，一個你曾有效使用「我訊息」
的實例嗎？

步驟二：徵求學生的真實案例（盡可能地逼真！）

● 展示「我訊息」類型及其案例的詳細圖表（P. 206 框
格 7.2）。請一位學生閱讀第一種類型的情況。請學
生以小組的形式進行討論，並想出其他可以傳達「我
訊息」的方式。與整組成員一同分享並進行討論。
針對其他的三種類型重複上述的步驟。

● 鼓勵學生想出他們會實際使用的回應。

● 詢問學生這些例子是否夠逼真——如果不是，鼓勵
他們思考自己的情況和反應。

框格 7.2 「我訊息」：四個角落遊戲圖表

（1）已經連續第三個週末，你的朋友在最後一刻取消和你的約定。你覺得自己被忽視、悲傷和孤獨。

● 範例：當你取消約定時，我感到很沮喪，看來就像是你並沒有考量到我的感受。

（2）你媽媽大部分時間都在照顧你的弟弟妹妹，而不是你。你希望她有所改變。

● 範例：我知道妳有很多事情要做，但我需要有更多時間和妳共處。

（3）朋友就讀高中的哥哥叫你和他一起抽菸，但你不想。上次他詢問你時，你說你感覺身體不太舒服。

● 範例：不，謝謝，我不想要這樣做。

（4）你叫你姐姐不要煩你，然後她這整個星期都沒有理你。你想讓她知道你注意到這樣的改變了。

● 範例：我喜歡妳聽我講話的方式。當你認真聽我說話的時候，讓我覺得你很關心家人。

（5）你每次在學校和好朋友成為夥伴時，最終都是你一個人做所有的事。你想讓他明白這件事而不破壞你們之間的友誼。

● 範例：當你沒有和我同時開始著手分組作業時，我

　　　　　　　　　　　　　「品格」孩子的核心素養

會感到緊張，擔心自己必須獨自完成所有事情。

後續跟進

- 鼓勵使用「我訊息」來緩解班級的衝突。
- 如果發生衝突，鼓勵學生去思考他人的想法和感受。

步驟三：「我訊息」的四個角落遊戲

- 在教室劃分四個分散的角落或區域，以代表四種「我訊息」的每一種。
- 讀取四個角落框格（請見 P. 208 框格 7.3）中的一個情景。
- 請學生迅速走到角落（區域），選定他們認為最有效益的「我訊息」。
- 請學生和彼此進行討論，他們選擇該類型「我訊息」的原因，然後想出一個他們認為最有效益的回應。
- 請每個小組分享他們的反應。鼓勵全班共同合作，進而改進他們認為會行不通的訊息。
- 持續進行圖表上的其他情景及／或製作你自己設計與班級有切身相關的範例。或者，請學生想出一些他們自己的情景。
- 重複進行。

類型一：我相信……

（或者我認為／我喜歡）……

使用時機：你希望與你交談的人瞭解你的信念、態度或喜好。

情境：你有一位朋友因為你週末不去她家玩而對你感到生氣。你告訴她你必須幫你媽媽的忙，但她不理解。她說：「你必須為你的好朋友騰出更多的時間。」

我訊息的範例：「我相信家庭是最重要的關係，我必須在他們身邊提供幫助。但在我協助完家人的事之後，我會努力騰出更多的時間和你一起玩。」

類型二：我需要……

使用時機：你希望某人採取不同的作法或行動。

情境：在過去的一星期中，你一直都很安靜，希望你的朋友會問你是怎麼一回事。相反地，他們似乎完全沒有注意到哪裡不對勁。

我訊息的範例：「當我安靜不說話時，我需要你問我是否還好，因為當有些事出了問題時，我很難說出口。」

類型三：我覺得……

使用時機：有人妨礙到你的需求，而你希望他們明白困擾你的原因是什麼。

情境：當你在體育課學習籃球技巧時，輪到了你上籃，而正當你準備射籃時，有人突然大喊大叫讓你在所有人面前失球。

我訊息的範例：「當你大喊大叫並擾亂我時，我覺得自己沒有受到尊重。」

類型四：我不想……

使用時機：你想要拒絕某人時。

情境：當你自己因為自己在家庭及學校的責任重重，而感到壓力難以承受之際，你最喜歡的老師問你是否能競選學生會的主席。你知道自己沒有時間，但也不想讓老師感到失望。

我訊息的範例：「我很樂意這麼做，但我不想從完成家庭作業和照顧年幼弟弟當中抽出時間。」

學科之關聯性

● 「我訊息」是一種基本的溝通形式，可以在各種學科背景下進行分析和反思。

- 在文學以及社會研究和時事（如演講）審查中的溝通，學生可以仔細查看「我訊息」和「你訊息」被傳達的程度，以及這些對於理解訊息和講者與聽眾間的關係會有什麼影響。

- 當學生聆聽教師示範「我訊息」時，學生可以從中受益，這進一步鼓勵學生使用「我訊息」。教師也可以鼓勵學生在和彼此對話時使用我訊息，特別是在小組工作或專案之中。

訪談的準備

對於一些中學的高年級學生來說，他們的進步往往與他們在訪談（interview）情境中的表現有關。其中有一些可能針對校內的職位、學校的領導、各種角色的模擬訪談等。接著，這些技能對於入學、工作或大學都相當重要。無論哪種方式，學生在訪談中的溝通方式都至關重要。

針對以下的活動，請學生閱讀史蒂夫・阿杜巴托（Steve Adubato）的文章（請見 P. 214 圖 7.1），以瞭解如何進行有效訪談的方法。讓他們分成幾個小組來討論，提出他們最同意、最不同意的領域，也請他們提出，如果有機會的話，他們想要詢問史蒂夫的問題。設計一份包含同意的論點、不同意的論點和提問主清單。讓全班針對這些問題加以討論，也

許請學生想想，除了史蒂夫‧阿杜巴托的文章之外，還可以去哪裡尋求解答。然後，請每個學生寫下一份具備三個訪談要點的清單。

以一般性的方式思考訪談，讓訪談成為人們透過對話來瞭解彼此的方式。無論是與新同學、不熟悉／不同的人及你想從他們身上學習新事物的人們對話並瞭解他們，這些情境都需要良好的訪談技巧。

- 請學生練習採訪其他同學，以更多地瞭解他們還有他們的背景，並和那些孤單的學生建立聯繫。
- 有些同學早已熟練其他人想要改善的技能，請學生「採訪」這些同學。這樣的技能，可以是會繫鞋帶、會算算數、或是會視覺及表演藝術才能。
- 與任何學科領域連結——科學、社會研究、人文藝術、音樂、語文、健康等——邀請相關從業人員進入班級，讓學生事先準備並對他們進行採訪。

在上述任何一種訪談情境之後，聽取學生的匯報，並根據史蒂夫‧阿杜巴托的框架（請見 P. 214 圖 7.1），針對特定情境進行優化，而不是依循較為傳統採訪的設計形式。

⤳ 教育者的溝通和關係技巧

教育者的溝通風格

　　每個人都有自己的溝通風格，教師和學校相關支援人員的溝通風格會影響他們與學生建立的關係。以下是三種有益的溝通風格，接著則是三種無益的風格：

有益的溝通風格

　　友善：採取樂於助人及自信的姿態。展現幽默感。傳遞出你喜歡學生的訊息。

　　理解：要有耐心。認知到學習來自於無知，因此錯誤是預期之中且無可避免的事，並讓學生知道你瞭解這一點。尊重地接受不同的意見，學生才不會抑止他們誠實的回應。對於「正常管道」之外的對話保持開放的邀請，但明確說明學生應當如何提出要求（即維持著適當的界限）。面對學生的困境和挑戰，要保有同理心，因為你「也曾有過相同的經歷」。

　　負責任的成人：為學生提供一個可遵循的結構，並加以說明。針對班級／小組／學期如何運行以及大家如何對待彼此，設計並遵循一個規則／規範的結構。強調公平，但明確地說明，成人在衡量意見後會再進行決定。

　　　　　　　　　　　　　　　　　「品格」孩子的核心素養

無益的溝通風格

憤怒：在言語、姿勢或語調上帶有指責、諷刺或否定的意味，這將會帶來關係及學習的障礙。當你情緒失控時，你當然會遇到這種情況，而且是不可避免的，因為你是一個平凡的人；事情發生了就解釋並道歉。

批判：對於學生的作業或學生本人，嚴厲、令人沮喪的話語，會造成關係連結和成就的長久障礙。表達對於學生的能力或潛力欠缺信心，則會剝奪他們學習及改善的動力。不良行為可能是因此而產生的後果，從而形成一個可能毀掉班級或團體的一種惡性循環。

缺乏信心：當教育者展現出不確定的表現、改變他們的規則和標準、沒有對學生的不當行為及虐待做出明確且果決的反應、或者看起來分神時，就會向學生傳達成人失控的訊息。矛盾的是，當學生試圖促使成人設定限制和建立健康的控制時，這往往會讓不當行為更加嚴重。不難看出的是，成人和學生之間的溝通如何產生誤解，並侵蝕積極的關係。

如何向學生展現你在聆聽

有效的溝通有很多步驟，這其中涉及了溝通的人及接收訊息的人。當溝通清楚地被雙方理解時，就可以加強積極的

關係和持續性的積極溝通。雖然以下的良好地聆聽指南主要是針對成人，但很容易適用於學生身上或並與學生們分享，以便他們與同儕及成人進行溝通對話。

圖7.1 史蒂夫・阿杜巴托的訪談技巧框架

你的溝通教練保持訊息通暢，樂觀贏得訪談

大多數的雇主透過電話與未來潛在的僱員對話時，在不到十秒的時間內，他們就可以確定是否要請對方來公司進行面談。

史蒂夫・阿杜巴托

基於各種溝通上的錯誤，雇主們可能因而對面試者打了折扣。最為常見的一些問題，是說話含糊不清或說話的語速太快，雇主必須很費力才能理解你在說什麼。如果在你應該處於最佳狀態的時候，你甚至不能好好地溝通——而這個工作內容可能極需與同事及客戶溝通——怎麼會有人請你去面試，並且提供你一份工作呢？

另一個可能會犯的錯誤，是對於該公司和工作前景完全沒有表達出熱情或興趣。總有一些人，永遠沒有機會參與最關鍵的實際面談，這就是部分的原因所在。

「品格」孩子的核心素養

如果你有幸踏入雇主的大門，那麼，在很大程度上，你的溝通方式將決定你是否能得到這份工作。

無論你是剛從學校畢業或正在尋求職涯的轉換，求職面試幾乎都是一樣的。你的目標是傳達出你就是這個單位想要爭取的人才。

為了瞭解可以在面談中更有效溝通的關鍵，我與羅格斯大學新布朗斯維克分校（Rutgers University）職涯服務就業中心的助理主任蜜雪兒·盧巴切夫斯基（Michelle Lubaczewski）進行了一段對談。

針對盧巴切夫斯基談到的某些關於面談中有效溝通的關鍵，以下是我的看法。

明確具體：提供具體的例子來表達你的經驗。不要遺漏重要細節，不要含糊其辭。如果你的答案缺乏例子，你就會失去一定的可信度。如果你沒有增加分析的深度，面試者可能會懷疑你是否真的做到了你聲稱的那樣。

停頓：花一點時間思考出最好的答案。問題可能很複雜，並且還有好幾個部分。許多求職者試著要快速擠出一個答案。相反地，請試著花上一兩秒（但不是三十秒）來組織你自己的思緒，這樣才能避免說出如「嗯」、「就像是」、「呃」和「你知道的」這種無意義的

語詞。

依對象定制：如「餅乾切模」般那種欠缺想像力、千篇一律的回應並不管用。作為替代，你要根據該組織的需求來定制你的回應。你必須與雇主產生聯繫，並讓對方知道你不僅瞭解也尊重他們。好好地做足你的功課：研究這家公司以瞭解他們的目標、產品及其他可以用於回應的具體細節。

保持動力：每隔幾分鐘為自己進行一次「能量檢查」，以確保你保持對焦和預測可能情況。很多時候，人們失去了注意力才因而失去了一位潛在雇主的優勢。

扭轉局面：不僅是他們在對你進行面談，你也對他們進行面談。查明面試者在公司內的位階、如何坐到這個位子及他對公司期望的發展方向。採用他的答案來查看這一家公司是否適合你。很重要的一點，要提出一些實在的問題來確認自己是否真的想在那裡工作。關鍵要點，是要做到這個前提而不咄咄逼人、自大或是傲慢。

專注於你需要的訊息：不要像無頭蒼蠅一樣毫無章法。確定你所想要講清楚的兩個或三個關鍵要點，並且在你回覆對方問題的同時也做到這一點。

「品格」孩子的核心素養

（1）讓你的身體面向說話者，以適當的眼神進行交流。

（2）讓說話者說完他正在說的事而不加以打斷。安靜
地聽，專注說話者身上。

（3）重述你剛剛聽見的內容。「這聽起來像……」。「從
你剛才說的話，我覺得……」。有必要進一步闡
釋時，出發點是你所聽見的內容，而不是其他人
剛才說的內容。「我好像聽見你說……發生的狀
況是這樣的嗎？在那之前發生了什麼？還有誰也
在場嗎？」

（4）當人們看起來似乎在猶豫或沒有詳細說清楚時，
鼓勵他們進一步說明。「我希望能聽你多談談那
一件事。」「你能告訴我更多關於那件事情嗎？」
「這件事我有興趣／若能瞭解更多對我會有幫
助……」。

（5）使用積極傾聽來確認言語中所傳達的感受。「在
我看來，你對她所說的話感到心煩意亂。是這樣
嗎？」「我聽到並看到你有很多挫敗感。這是正
確的嗎？這是你的感受，還是因為其他或額外的
另一件事讓你煩心？」

（6）嘗試以一個開放式的問題作為結尾，為未提及的
內容提供表露的機會。「在我們結束之前，你還

有什麼想說的話嗎？」「你還想談談一些事嗎？你想約一個時間來進行後續的談話嗎？」「你能多說一些你自己的感受／你對發生這件事的想法／你有什麼計畫嗎？」

團隊中的關係和溝通

毫無疑問地，現在的職場越來越以團隊作為導向。班級、體育運動、表演團體、學校和學校教職員工都是如此。因此，對於學生和成人來說，現在變得很重要的一件事，就是發展他們自我監控及評估的能力，無論是針對團隊的運作或自己對於團隊的貢獻。藉由如此的評估，就可以制定改善計畫。為了這項目標，這裡有十個問題可供你使用，適用的對象包括學生、你自己及同事。顯而易見地，當團隊成員之間共享並比較觀點時，就會出現最為準確的溝通及關係圖像。

（1）你覺得你的小組多大程度上能稱為一個工作團隊？

（2）你覺得你個人為幫助小組成為工作團隊有多大的貢獻？

（3）多少程度上，你覺得自己是團隊的一員？

（4）多少程度上，你覺得其他成員認為自己是團隊的一員？

　　　　　　　　　　　　　　　「品格」孩子的核心素養

（5）你有多常覺得你團隊的溝通是明確而有效的？

（6）你覺得對其他成員的感受有多大的責任，彷彿他
們是團隊的一份子？

（7）對於已形成的重要決定，你覺得自己有多少的投
入？

（8）你覺得你自己在團隊中受到尊重的程度如何？

（9）你認為團隊中的其他人覺得受到尊重的程度如
何？

（10）你在多大程度上願意提出困難的話題或不同的意
見？

以五分制來評分回答，參考如下：

- 1—完全沒有
- 2—很少的情況下
- 3—多半的情況下
- 4—大多數的情況下
- 5—幾乎總是

第八章

社會問題解決

決定，決定……我們面臨如此多的決定。

就算前方道路看似不明朗，我們也要做出決定。根據情感投入的程度和個人及社會後果的程度，有時這些不明確的時刻被人們視為「問題」。**我今天應該穿什麼？**在許多情況下，這是在某個選擇點（choice point）做出的決定，而不是針對問題所做出的決定。但還是可能會有問題產生：如果我沒有乾淨的衣服適合我今天需要做的事情（例如：工作面試）怎麼辦？如果我在衣著上的選擇，被認定「不酷」，還因而成為學校惡霸的炮灰怎麼辦？

我們時時刻刻都在做各種決定，而做出決定的過程則稱為問題解決（problem solving）。問題解決，是指將情況用語言表達出來，檢視感受、觀點、目標、選項、後果，決定實現目標的最佳選項，計劃和預測障礙，根據需求改善決策，採取適當的行動，並從已發生的經驗中學習以為未來的問題解決提供訊息。在我們的工作中，我們會以不同的名稱

「品格」孩子的核心素養

來稱呼它（例如：社會問題解決〔social problem solving〕、社會決策〔social decision making〕、社會決策和問題解決〔social decision making and problem solving〕）。在這裡，我們指的是更概括的過程，並使用「社會問題解決」（或 SPS，Social Problem Solving）這一個專有名詞。

當學生面臨問題時，我們常常會想要建議（或命令！）解決方案。畢竟，對我們來說，問題的解決方案似乎再清楚不過了！雖然有時因權宜之計，需要我們做為解決者介入學生的問題，但時常這麼做會對他們造成傷害。比較理想的狀況是，讓教師在解決問題及決策的過程中作為促進者（facilitator），一個讓學生採取更多主導的過程。畢竟，我們都希望學生能夠在沒有我們的情況下解決問題（請見 P. 222 圖 8.1）。而且，我們都知道，他們將會面對一生要做的決定和要解決的問題，其中有一些甚至是我們無法想像的事（如果你是在千禧年之前長大的人，就難以想像時下年輕人面臨與手機及社交媒體相關的問題和決定）。

在此有一些基本的理解可以啟發我們思考，關於決策和問題解決，以及教育者如何成為這個過程的促進者。

圖 8.1　社會問題解決所需要的思維

- 問題解決不僅僅是一種認知活動（cognitive activity）；**情緒也融入在這個過程中**。感受出現在我們的社會問題解決框架（請見 P. 224 框格）的開頭，強調感受的重要性。情緒在整個過程中都會發揮其作用（例如：對於解決方案的潛在後果，我們會產生一些感受）。

- 一個決定或問題是「大」或「小」——或甚至是否算得上是一個決定！——在判斷上都因人而異。例如：關於大學的決定可能很容易被描述為一件重大之事。然而，並非所有的學生都有相同的經驗：學生一：我應該要上大學嗎？如果是這樣，我應該從高中畢業就直接去，還是花一年或更多時間作為我的「間隔年」（gap years）[13]？哪一所大學最適合我？學生二：我一直想去讀州立大學，我將成為我家族

　　　　　　　　　　　「品格」孩子的核心素養

中第四代就讀州立大學的人。我一直盡最大努力以
求被錄取。

- **要解決問題，很少只有一種「正確的」方法**，儘管
  人們時常猛然地選擇自己所想到的第一項解決方案。
  同樣地，**即使是最好的解決方案也可能會產生負向
  的後果**。我們盡全力地將正向後果最大化，並讓負
  向後果降至最低；我們不會苦苦等候一個「完美」
  的解決方案出現。

- 由於情緒劫持（第六章）一旦發生，我們就有可能
  因為分心而無法進入社會問題解決的流程。**我們可
  能需要先實行自我調節的策略，然後才能致力於解
  決問題。**

- **解決問題的過程取決於處境。** 雖然我們可能會使用
  經驗法則來發展常見情況下的行為（「永遠都挺身
  抵抗霸凌」），但應對任何行動方案的智慧都取決
  於對情況本身的解讀（面對可能被暴力霸凌者傷害
  的風險；在這種情況下，向成人尋求協助可能是一
  個更佳的解決方案？）。

- **落實才是要務。** 一個「紙上談兵」的良好解決方案，

---

13 也有人稱之為「休耕年」或「壯遊年」，一般常見於西方國家青少年在
中學畢業之後、升大學之前，停下並騰出一年或更多時間來體驗自己感
興趣的工作或生活方式。

需要考量付諸實行的現實情況來支援。對於人際關係的問題，上一章所討論的溝通技巧是有重大意義的。

⤳ FIG TESPN框架

針對社會問題解決的流程，我們提供了一個框架，並使用了八個字母 FIG TESPN 所組成的首字母縮略詞，作為整體框架的一個記憶法（Bruene Butler et al., 2011；Elias & Bruene, 2005b）。

社會問題解決之FIG TESPN框架

F——**感受提示我去解決問題**。（**Feelings** cue me to problem solve）

這個過程的第一步將決策與情緒識別和自我調節連結起來。一旦情緒劫持開始，我們就不太可能做出有條理的決策。將感受作為解決問題的切入點這個想法，在自我調節（第六章）也討論過了；如果不管理我們的情緒，我們就不可能繼續這個過程的其餘部分。

I——**識別問題**（**Identify** the problem）

是什麼導致了你剛剛識別出的感受？這個看似基本的

　　　　　　　　　　　　「品格」孩子的核心素養

步驟可能比實際更複雜。問題的定義應該是討論自己的經驗，而不是聚焦在歸咎於誰（「教室裡的噪音讓我無法集中注意力」而非「黛比那一組不但吵鬧還引發混亂」）。

G——目標給予我指引（**Goals** give me a guide）

你想要有什麼樣的發展？成功的目標，應以一種讓目標開放給多種解決方案的方式來表述，而不是它們本身就是喬裝的解決方案（「我想要在安靜的區域做事」而非「我要黛比和她的組員都閉嘴」）。

T——思考多重的可能解決方案（**Think** of many possible solutions）

不要滿足於只有一種想法！！雖然「黛比閉嘴」可能是一種解決方案（不過不是很有禮貌的措辭），但還有一些選項可能不必牽涉到黛比本人！或許，我可以詢問老師，讓我離那一個小組更遠一些。

E——設想結果（**Envision** outcomes）

對於你想到的所有可能解決方案，如果你將各個選項付諸實行，可能會發生什麼事？正向和負向的結果都

要設想到；這世上幾乎沒有所謂完美的解決方案。「問老師是否可以移動座位」和「請黛比和她的小組更安靜地做事」都有可能產生正向和負向的結果。

S ──選擇最佳解決方案（**Select** the best solution）
根據各種可能的結果，你會做什麼選擇？同樣地，我們選擇的是最佳決策，而不是完美決策。

P ──規劃程序、預測陷阱及實踐（**Plan** the procedure, anticipate pitfalls, and practice）
你將如何把選擇的解決方案付諸行動？這通常有很長一段路要走，才能知道解決方案成功與否，並且往往需要使用本書至今為止所討論的社會和情緒技能。如果我選擇的是請同儕安靜下來，我會怎麼做？或許採用「BEST溝通技巧」和「保持冷靜」（分別於第六章和第七章）的方法會有所幫助！

N ──注意已發生的事並為日後牢記經驗（**Notice** what happened and remember it for next time）
你從所做的事情之中，學到了什麼？你現在可以做什麼？該計畫在多大程度上解決了問題？是否產生了新的問題？或許計畫沒有成功，現在的情況又如何？

　　　　　　　　「品格」孩子的核心素養

⋘ 為社會問題解決奠定基礎

　　在提倡問題解決時，很重要的一件事是讓學生安全地進行實驗；他們的解決方案不會總是「正確的」。就這一點來說，第三章內容所討論到的增強社群的步驟，就特別重要了。關於社會問題解決的技能培養，還有一些額外需要考慮的事。

最大化小組合作以解決問題

　　《阿波羅 13 號》（*Apollo 13*）和《絕地救援》（*The Martian*）這兩部電影中，都是在描述讓你緊張不安的問題解決方案，分別關於真實（前者）和虛構（後者）的太空時代難題。雖然，有時問題似乎是由於某個人的靈光一閃而得以解決（哇，你看看那傢伙可以用一卷膠帶做什麼！），如果我們把鏡頭拉遠一些，我們就可以看出這兩個任務要成功完成，需要許多人同心協力地積極參與。這些問題的嚴重性，遠遠超出一個人的能力可以解決。這種情況越來越頻繁地出現在電影之外。正如格雷瑟（Graesser）及其同事們（2018, P. 63）所聲稱的，「21 世紀問題的複雜性，永遠比個人無法獨自解決的問題還要困難得許多……21 世紀的迫切問題需要共同合作。」

　　小組合作在學校已很普及常見。但是，小組合作並不一

定涉及協作問題解決，而是必須著重於小組任務如何組織，以便讓每個成員都能投入貢獻。要做到這一點的方法之一，是使用如拼圖式任務（Jigsaw，請見 P. 228 圖 8.2）之類的技巧，教師將任務分配成幾個不同專業的子任務，每一個子任務分別由數個成員組成「專家」小組，小組的每一位「專家」都是完成主要任務所需的一塊拼圖。然後，重新分配負責不同子任務的「專家」在同一組，成為實際完成拼圖任務的一個合作小組。

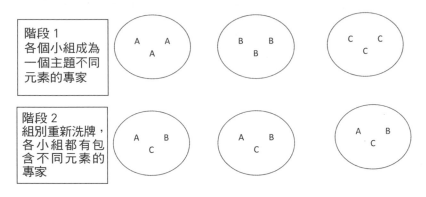

圖 8.2　拼圖式任務分組

　　小組的任務分配是該過程的另一個要素，在這個過程中，看似相當微小的干預可能對問題解決產生重大的影響。利吉達爾（Liljedahl, 2016）特別強調，相較於將學生分配到事先建立好的（刻意的或隨機的）小組，**可見的隨機分組**（在

　　　　　　　　　　　　　　「品格」孩子的核心素養

學生觀察下隨機分配小組的任務）有很多益處。

　　　　學生很快就擺脫了他們對於自己身處在哪個小組的焦
　　慮。他們開始認真地合作。三個星期後，在各個小組邊界
　　之間的滲透性增加了，無論是小組之內或各組之間都有了
　　合作上的發展。隨著這種高度的知識流通，對教師作為教
　　室裡的知識者的依賴減少了。最後，大家的熱情顯著提
　　高了，特別是參與問題的解決，通常會是在數學課上。

　　　　　　　　　　　　　　　　　　　　（Liljedahl, 2016，P. 377）

　　即使是看似很小的變化，也會產生衝擊力。例如：利吉
達爾發現到，分組進行數學解題時，被分配到書桌檯面上工
作的小組都會受到影響。被分配到白板前進行作業的小組，
則更高度地投入流程中的各種元素（例如：他們表現出更大
量的討論和堅持）。作者的解釋──「白板非永久性的性質」
和「易於擦拭」的狀況，讓學生可以「冒更多險並更早冒險」
（Liljedahl, 2016，P. 370）──強調了小組問題解決中的社
會及情緒層面。此外，垂直表面比水平表面更有功效：「坐
著的狀態，即使是在白板前進行作業，會給學生匿名、隱
藏，和不參與的機會。但站立的狀態讓他們無法這麼做。」
（Liljedahl, 2016，P. 370）。

引導式提問

　　藉由向學生提出的問題，教師可以介紹問題解決的語言，如（請見 P. 231 框格 8.1）中所概括的內容。帶有開放性的引導式問題，可用來鷹架學生使用 FIG TESPN。有時，可以引導學生完成整個過程。其他時候，你可以在過程中選擇一兩個步驟來加以強調。無論如何，最為主要的概念是盡可能地從告知轉變為詢問。

　　學生：我把課本留在家裡了。

　　教師〔告知〕：拿去，先暫時用我這一本。

　　教師〔使用引導式提問—簡短版〕：你的目標是什麼？你你想要怎麼做？〔在告訴學生使用她的教科書之前等待學生回覆。〕

　　教師〔使用引導式提問—加長版〕：你的目標是什麼？你想要怎麼做？〔等待學生答覆。〕你可以想到兩個或三個不同的方法來解決這個問題嗎？你認為哪個方法最有可能解決問題？為什麼？你將如何把這項計畫付諸行動？

　　當你把引導式提問和其他提問技巧（請見 P. 232 框格 8.2）付諸行動時，務必考慮事情的情境。你是否過於匆忙

以至於可能會忽略這個過程？學生是否對於這個問題感到非常苦惱，所以你的首要工作是提示他保持冷靜（第六章），而不是進行引導式提問？

框格 8.1　促進決策及問題解決的引導式提問

社會問題解決要素	引導式問題的範例
F——感受提示我去解決問題。	你感覺如何？
I——識別問題。	你認為問題是什麼？
G——目標給予我指引。	你想要怎麼做？什麼樣的品格〔或者說，_____ 這項品格〕與這件事相關？
T——思考多重的可能解決方案。	要達到你的目標，你有哪些方法？
E——設想結果。	如果你_____，會發生什麼事？這些結果如何和核心價值相符？
S——選擇最佳解決方案。	哪個想法最有可能實現你的目標？
P——規劃程序、預測陷阱及實踐。	你需要做什麼才能完成這件事？有可能出錯的地方是什麼？
N——注意已發生的事並為日後牢記經驗。	事情的進展如何？你從中學到了什麼教訓？已發生的事情與這個品格有什麼關聯性？

資料來源：改編自 SDM ／ SPS 相關資料（Bruene Butler, Romasz-McDonald, & Elias 2011; Elias & Bruene Butler 2005c , 2005b , 2005a）

框格 8.2 決策／問題解決的提問策略

盡可能地使用開放式問題 ⎯⎯⎯⎯⎯⎯⎯⎯

■ 範例：「**發生了什麼事？**」或是「**你現在有什麼感覺？**」

■ 開放式問題的優點

- 培養學生解決問題的能力
- 學生在解決問題的過程中變得更加投入參與，因此他們對解決方案有更多的擁有感和責任感

■ 其他類型的問題

- 封閉式的

  • 只需要「是」或「否」答覆的問題

  • 例子：「你是不是打了他？」或是「你生氣了嗎？」

  • 沒有讓學生培養批判性思維或自我意識

- 疑問句

  • 提出「為什麼」的問題

  • 範例：「你為什麼要打他？」

  • 讓學生處於戒備狀態

  • 學生往往不知道他們行為背後的真正原因

■ 多重選擇

「品格」孩子的核心素養

- 作為開放式問題的替代方案，適用於不成熟、認知受限或無法回答開放式問題的學生
- 範例：「你打他是因為他取笑你或是因為其他原因？」

兩個問題原則：以另一個問題來跟進前一個問題

■ 跟進提問是美國共同核心教學標準（Common Core）一項必不可少的技巧，它可以幫助學生釐清自己的想法、感受、目標及計畫。

■ 解決問題的範例
- 問題一：當你走到午餐助手的面前時，你會說什麼？
- 問題二：你會怎麼說呢？

■ 學術的範例
- 問題一：人體有哪些調節溫度的方式？
- 問題二：你怎麼知道那是真的？

簡短清楚地改述

■ 總結學生對於問題的答覆，並將他們的想法反饋給他們

■ 幫助學生感覺自己被理解、被認真對待

> ■ 澄清：有助於你澄清他們的意思，並幫助他們建立
>   詞彙
> ■ 翻譯：將學生的回答轉為更準確或更恰當的回應。
>   範例：「他真是個白癡」可以改述為「在我看來，
>   你真的對他感到很生氣」。

加強社會問題解決的通用策略

與引導式提問一樣，在學科內容的領域之中，我們增強「社會問題解決」的通用方法，包括制定明確策略，並在各種各樣的情況下鷹架（scaffolding）該策略的實行。這種鷹架可以建立學生對社會問題解決過程的理解，增加他們對自身能力的認知及將社會問題解決過程運用於其他科目的能力（Atmatzidou, Demetriadis, & Nika, 2018）。

在 P. 235 框格 8.3 就涵蓋了一個通用的鷹架工作表。這份工作表的開放式性質讓它具有概括的適用性。我們稍後在本章也會說明針對特定內容領域可以進行的調整。

「品格」孩子的核心素養

框格 8.3　鷹架「社會問題解決」工作表

（1）感受：

（2）問題：

（3）目標：

（4）思考多重的解決方案：　　　　　（5）設想後果：

　　a　　　　　　　　　　　　　　　（＋）

　　　　　　　　　　　　　　　　　（－）

　　b　　　　　　　　　　　　　　　（＋）

　　　　　　　　　　　　　　　　　（－）

　　c　　　　　　　　　　　　　　　（＋）

　　　　　　　　　　　　　　　　　（－）

　　d　　　　　　　　　　　　　　　（＋）

　　　　　　　　　　　　　　　　　（－）

（6）選擇最佳的解決方案：

（7）規劃並為陷阱做好準備：需要制定哪些計畫？

（8）注意已發生的事。現在要怎麼做？

資料來源：改編自 Naftel & Elias 1995

　　FIG TESPN 是否應該從頭到尾操作，當成一個「整體」來進行練習？其中的這些元素可以單獨實行嗎？前者有很多

優點，而上述的策略旨在引導學生完成所有的八個步驟。但是，這不是強制指令；在某些情況下，進行部分元素可能比執行整體步驟更具優勢！時間一直是考量的因素，而學生的需求也同等重要。你是否注意到學生需要在這些元素中的一種或多種有更多練習，你是否注意到了這件事？如果是的話，請專注於這些元素上。

使用社會問題解決工作表的通用策略計畫

有無數的機會可以將社會問題解決工作表稍加調整以用於學科領域上（我們將在第九章後面討論將其用於現實生活中的人際問題）。你所需要的就只是當下出現的一個決策、問題或衝突。然後，學生利用 FIG TESPN 的提示來完成社會問題解決的流程。請注意，步驟五（設想後果）中的加號（＋）及減號（－）的功能是提示，讓學生一一列出正向和負向的後果。

步驟一：複習 FIG TESPN 的步驟

步驟二：讓學生知道，決策及解決問題在該學科領域
（例如：社會學科、語文及數學等）的重要性。

● 詢問學生是否能想到在該領域做出決策及解決問題
的例子。

步驟三：將 P. 235 框格 8.3 的工作表發給學生。說明將

用它來思考與所學內容相關的問題。

步驟四：複習課堂上講述的內容

● 詢問學生，有誰正面臨著一個決定或問題？

步驟五：請學生獨自或在小組裡工作，從相關的一方／
　　　　當事方的角度來思考問題。

● 或者，請一半的學生從涉及問題的一方或當事方的角
　度來完成工作表，其他的學生從另一方的角度來完成
　工作表。請各個小組比較他們對於這個問題的看法。

當然，我們要教導的是具體的而不是一般的內容。以下
的一些例子可以應用於各個學科領域的決策及問題。

✂ 在學科領域的社會問題解決

社會研究

● 美國應該參加第一次世界大戰還是維持中立？

● 華沙猶太區的猶太人是否應該加入起義活動？

● 我們社區是否應該利用空地建造新的公園或是蓋房
　屋？

● 殖民者是否應該與忠誠者或愛國者站在同一邊？

以下針對移民的問題（Elias, 2004）可以作為社會問題
解決工作表的調整，也可以用作課堂上討論的引導式問題。

- 對於要離開他們自己的國家，這些移民有何感受？
- 這些移民離開的是哪些國家？
- 發生了哪些問題造成他們想要離開？
- 離開會帶來哪些的問題？
- 他們離開或留下來的目的是什麼？
- 他們的選項是什麼？他們如何設想每種選項的結果？
- 他們必須要制定什麼樣的計畫？最後一刻是什麼樣的事對他們造成阻礙？他們如何克服這些障礙？
- 他們到達之後，有什麼樣的感受？他們一開始時碰到了哪些問題？他們最初的目的是什麼？

語文

以社會問題解決工作表來應對文學中角色人物所面臨的決策及問題，例如：

- 《夏綠蒂的網》（*Charlotte's Web*）：蜘蛛夏綠蒂
- 《通往泰瑞比西亞的橋》（*A Bridge to Terabithia*）：傑西（Jess）和萊斯莉（Leslie）面對惡霸珍妮絲（Janice）而產生的各種互動及珍妮絲如何面對傑西和萊斯莉
- 《艾薇和豆豆》（*Ivy and Bean*）：豆豆與她姐姐的

各種互動

此外，這一份「社會問題解決文本分析工作表」
（P. 239 框格 8.4，Elias & Naftel, 1995）適用於許多的不
同情況。

針對較為年幼的學生，可以考慮以「社會問題解決說書
會」的形式進行：

框格 8.4　社會問題解決文本分析工作表

（1）想一想書中特定章節中的一個事件。發生了什
　　麼、在什麼地方？將事件當作一個問題，以話語
　　表達出來。

（2）有哪些人牽涉了這個問題？他們對於這個問題有
　　什麼不同感受和觀點？為什麼他們會有這種感
　　覺？試著以話語表達他們的目標。

（3）對於每個人或每個群體，有哪些不同的決定或解
　　決方案可能有助於實現他們的目標？

（4）對於這些想法或選項的每一個，接下來可能發生
　　的所有事情會是什麼？設想並寫出短期和長期的
　　後果。

（5）最終的決定是什麼？這些決定如何定案？是由誰

做決定？為什麼？你同意還是不同意？為什麼？

（6）解決方案是如何執行的？計畫是什麼？碰到了哪些障礙？問題解決得如何？你讀到了什麼可以支持你的觀點？

（7）注意已發生的事，並重新思考這件事。你會選擇怎麼做？為什麼？

（8）根據你讀到的內容，你有哪些問題？對於其中一個或多個角色／作者，你想要問什麼問題？為什麼這些問題對你很重要？

簡化版本

（1）我會寫關於這個角色的……

（2）我的這個角色的問題是……

（3）你的這個角色如何陷入這個問題？

（4）這個角色感覺怎麼樣？

（5）這個角色希望事情能如何發展？

（6）針對你所選擇的角色、其他的角色之一或作者，你希望能夠問什麼問題？

附註：也可以要求學生以畫畫的形式，畫下對所有或部分這些問題的答覆。

「品格」孩子的核心素養

社會問題解決說書會

- 步驟一：向全班朗讀書中一個呈現人際間衝突問題的段落。
- 步驟二：在讀到角色如何解決他們問題或衝突之前，暫停一下。
- 步驟三：使用引導式提問來引導學生們討論各個角色的感受，辨別問題和目標，思考不同的解決方案等。
- 步驟四：繼續閱讀書中的內容，揭曉這些角色實際實行的解決方案。
- 步驟五：同樣地，使用引導式提問與學生一同討論角色的行為。（這些角色做了什麼樣的決定？他們如何將計畫付諸行動？發生了什麼事？）

社會問題解決及專案規劃

當學生需要以個人或小組的形式來完成一項作業時，需要做出許多的決定，而且有許多需要規劃的行動。專案可以讓學生在學習該指定作業主題的同時，作為發展社會問題解決技能的一個機會。以下的兩個工作表（P. 242 框格 8.5 及 P. 243 框格 8.6）旨在激發學生的創造性思考，讓學生思考如何著手制定和展現專案計畫的方法。

框格 8.5　規劃我們的專案（取自馬賽克課程）

展示我們所學到的知識：

我們將會：

簡略描述我們計劃執行的事情：

學生表達自己的一些方法：

■ 創作一份影像短文

■ 撰寫一份報告

■ 記錄日誌

■ 挑選一首歌曲來分享

■ 創作歌詞或饒舌歌詞

■ 製作一張拼貼畫

■ 建造一個模型

■ 製作一份統計圖表

■ 記錄採訪

■ 進行一項實驗

■ 設計一幅壁畫

■ 編一段舞蹈

■ 製作一個影片

■ 創作一首饒舌歌或歌曲

「品格」孩子的核心素養

■ 執行一項PPT簡報

■ 製作一個音樂劇

■ 寫一個劇本或商業廣告

框格8.6　馴服棘手的主題
（改編自社會決策／社會問題解決相關資料）

第一：定義你的問題和目標

（1）主題是什麼？

（2）關於這個主題，哪些是你想要回答的問題，或者你想要瞭解的事情是什麼？

第二：列出尋找資料的替代來源

（1）寫下至少五個可以尋找資料的地方

　　a

　　b

　　c

　　d

　　e

（2）計劃你想要從哪幾個開始嘗試。

（3）如果這些想法都不管用，你還可以向誰尋求協

助？還能在哪裡尋找資料？

第三：列出呈現主題的替代方式

（1）至少寫出三種可以表達主題的方式。如果是書面
　　　報告，請以三種可以合併的不同方式書寫。
（2）考量每種方式的後果，選擇你的最佳解決方案，
　　　並計劃你將如何執行。

第四：進行最終檢查，並修正需要改正的內容

（1）你的報告是否回答該主題及你提出的問題？你的
　　　報告是不是清晰而簡潔？文字拼寫是否都正確？
　　　其他人會喜歡你完成的報告嗎？

社會問題解決及科學

　　無論在哪一個年級，理科的學生都會碰到整體或部分的
科學方法。對於那些想要促進決策和問題解決的人來說，科
學方法的中心地位是一個恩賜。雖然科學方法與我們所提出
八個步驟的社會問題解決模型不太相同，卻有許多相似之
處（P. 245 表格 8.1）。而且，科學方法之中的選擇點（the
choice points）提供了培養解決問題能力的機會。

表格 8.1　社會問題解決與科學方法	
科學方法的構成要素	相關的引導式問題
觀察及問題結構	• 你看到了什麼？ • 什麼是你想進一步瞭解或感到好奇的事情？ • 你目前正在解決的問題是什麼？
搜集資料	• 你可以尋找資料的地方至少有哪五個？ • 你會先從哪一個地方開始？你會怎麼做呢？ • 如果這些方法都不管用，你還能向誰尋求建議？你還可以在去哪裡尋找資料？
制訂一個假設	• 根據你已收集到的資料，有哪些可能的解釋可以解決這問題？你想要測試的那個解釋是什麼？
實驗	• 有哪些不同的方法可以檢驗你的假設？ • 為了要實際地進行實驗，你需要做些什麼？ • 有哪些結果可以證實你的假設？ • 有哪些結果會推翻你的假設？
數據分析	• 實驗結果如何？ • 結果是否證實了你的假設？
結論	• 在你的實驗中，成功的地方是什麼？ • 如果要再進行一次實驗，你會有哪些不一樣的作法？ • 根據你的實驗結果，有哪些新的問題出現了？ • 如果研究結果無法證實你的假設，你將會試驗哪一些替代性的假設，你將如何進行測試？

　　科學已經逐漸成為一種尋常的話題，交織於政治、政策以及我們每天如何生活的討論之中。「紙袋還是塑膠袋」曾經是商店收銀員常問的關於裝袋偏好的問題。如今，消費者必須考慮每一種選擇（或「無袋」或「可重複使用袋」的選

擇）的好處，以實現永續環境的作法。電話曾經只有單一的用途——用來撥打電話。現在，即使我們的手機沒有在使用，隱私的問題仍相當迫切。

這種和日常生活決策緊密交纏的科學，現在被稱為**社會科學**（socioscience）。社會科學的議題「結構不良」，欠缺「單一解決方案或單一解決方案的路徑」，並且「涉及多個且往往相互衝突的關係人，及多種衡量解決方案成功與否的方式」（Belland, Gu, Kim, & Turner, 2016，P. 1137）。從政策制定的角度來看，社會科學的議題可能令人非常困擾。從促進社會情緒和品格發展的角度來看，解決這樣的難題可能是無價的。在處理社會科學的議題時，學生必須結合對科學的理解以及採取不同成分的觀點（請見第五章）。他們不僅要從科學知識的角度來考慮後果，也要考慮「透過有說服力的論證，解決方案可被合理接受的程度」（Belland et al., 2016, P. 1137），這亟需溝通技巧（請見第七章）來增加解決問題的過程。

富有成果的探索也可以實現於科學與價值交會的各種主題上，例如：基因檢測（Sadler & Zeidler, 2004）、生態和汙染（Belland et al., 2016）以及節約能源（Levinson, 2018）。例如：紐澤西州伯克利高地一個中學的教育工作者，使用 P. 247 框格 8.7 作為鷹架，以社會問題解決的方法來思考環境

「品格」孩子的核心素養

問題，P. 247 框格 8.7 是 P. 235 框格 8.3 通用工作表的調整版本。P. 248 框格 8.8 則是已開發版本的一個簡略版本。

框格 8.7　社會問題解決之環境問題討論

學生：＿＿＿＿＿＿＿＿　日期：＿＿＿＿＿＿＿＿

（1）感受〔例如：憤怒、震驚、恐懼、沮喪〕

（2）找出問題〔例如：如果事情繼續這樣發展下去，環境會變得很糟糕。〕

（3）目標〔例如：承擔個人責任並採取行動，以拯救並保護環境。〕

（4）考量解決方案〔例如：從「狠狠抨擊華盛頓特區」到「教導我們的家人做一些可保護環境安全的事情。」〕

（5）設想結果〔例如：任何可能會發生的事，從「這會造成很大的代價」到「人們會生氣發怒。」〕

（6）選擇最佳解決方案〔例如：教導我們的家人做一些可保護環境安全的事情。〕

（7）計劃〔例如：和家人分享資訊和事實；練習我們要說的話；在家中制定回收、再利用、減少的計畫。〕

框格 8.8 社會問題解決之環境問題討論（範例）

學生：＿＿＿＿＿＿＿＿＿　日期：＿＿＿＿＿＿＿＿＿

（1）感受：憤怒、沮喪

（2）找出問題所在：我們鎮上沒有回收塑膠物品

（3）目標：在我們鎮上回收塑膠物品

（4）思考解決方案

  挨家挨戶地進行

  寫信給市長

  問卷調查

  在家中和家人分享資訊

  報紙社論

  在食品店家設立小攤位

  抗議活動

  寫信給總統

（5）設想結果：〔學生們討論每一種解決方案的優缺點為何，考慮時間、可行性及資源。〕

（6）選擇最佳解決方案：一些想法的組合：挨家挨戶地進行、造訪市政廳、在食品店家設立小攤位，寄信給總統。

（7）計劃

「品格」孩子的核心素養

練習並計劃打一通電話給市長。

準備與市長的一個會議。

發送問卷調查以獲得更多支持、計劃演講。

在家中和家人分享資訊

（8）後續跟進：寫信給報社。

與創意連結

在教育領域創造力已不是新鮮事，而且它已越來越佔有中心地位。為什麼？肯・羅賓森爵士（Sir Ken Robinson）這位在教育領域有極大影響力的人物，指向幾項因素。現今的問題大規模地存在，人們越來越認知到需要新的想法來解決這些問題。不可預測性已是常態，不能期望舊有的判斷足以支撐。「沒有人知道五年後，或甚至明年的世界會是什麼樣子，但教育的工作是幫助孩子們理解他們要生活下去的世界。」（Azzam, 2009）。

有時候，我們會將創造力想像成一位將顏料潑灑至畫布上的狂野藝術家，或者在床上的一個人因領悟到新的見解，猛然地直立坐起，說了一聲「啊哈」（Aha）。雖然創造力可以並且確實會以這種形式呈現，但它本質上是「一個需要技能、知識及控制的嚴守紀律過程」（Azzam, 2009）還有

想像力和靈感的發揮。艱苦的工作過程，可能不如創造性的成果那麼明顯易見，但無論是揮灑顏料的藝術家或是富有洞察力的失眠症患者，可能在他們的洞察力出現之前，早就已經投入了這一個工作過程。

從根本上來說，創造力是一種思考及解決問題的方式，而且是以新穎的方式來運作的。利用梯子來取得一顆卡在屋頂上的球，是問題解決的一個好的例子。將網子固定至無人機上並拾回那不聽話的球，就是有創造性的問題解決。雖然，我們可能認為創造力是一個人「擁有」或「欠缺」的東西，但作為一種解決問題的方式，創造力是可以培養的。這是一個既需要擴散性思考（divergent thinking）又需要收斂性思考（convergent thinking）[14] 的過程。

> 「擴散性思考」需要學生思考許多不同的想法，而「收斂性思考」只有一個正確的想法。兩者都是創造力所不可缺少的：學生使用擴散性思考來為問題或挑戰產生不同的解決方案，然後利用收斂性思考來決定哪一個可以創造最佳結果。
>
> （Drapeau, 2014 , P. 4）

而且，這個過程與情緒息息相關。我可能是最具有擴散

性思考的思想家，但我如果擔心自己因不尋常的建議而被貼上怪人的標籤，我的創造力就會大打折扣。此外，設計思考（design thinking）是一種創造性的過程，旨在解決人們探索世界時所面臨的種種問題，它始於同理的立場。社會問題涉及了真實人類的經驗，只有從遇到問題之人的角度來看待，社會解決方案才有意義。

　　許多教育工作者已經注意到，對於如「寫任何你喜歡的東西」或「使用任何你想要展示自己作品的格式」這樣的作業，學生會感到困惑。學生們通常會問，「但是我應該寫些什麼呢？」或「我應該使用哪種格式呢？」或者，他們可能會尋求確認及許可。「我可以寫我的祖父母嗎？」「我能寫關於游泳的事嗎？」「我可以寫關於獨角獸的主題嗎？」教師可能會猜想，在一堂課重複說「是的，你可以寫任何你想寫的東西」的世界紀錄是多少次。為什麼學生——在許多的情境下如此重視他們的自主（「不要告訴我該怎麼做！」）——在這些情況下卻會不知所措？學生可能已經學會了學校教育的「隱性課程」，即透過日常生活作息傳達的那些訊息，並開始假設教師所提出的要求可以有正確或不正確的作法。面對開放式的任務時，學生可能想知道什麼是「正確」的答

14　擴散性思考、收斂性思考都是解決問題的模式。「擴散性思考」指解決問題時同時會想到數個可能的解決方案，而不限於單一答案或鑽牛角尖地探求。「收斂性思考」指個人利用已有的知識和經驗，依傳統的推理思維來尋求解決問題的正確答案。

案。**這也許是某種測試，我需要在沒有指導的情況下找到正確的答案，也許老師沒有誠實說出，但其實心裡有一個正確的方法。**

對正確答案的期待，會扼殺創造力和冒險精神。讓挑戰變得更加複雜的是，在許多情況下，並不是所有回應都是正確的。可能有一個答案，數量有限可接受的回應，或需要應用的標準。「火星人給總統洗腦的那一天」可能是一篇關於「想寫什麼就寫什麼」短文很好的主題，但不適合作為一篇關於美國內戰起因的主題。

為創意打造環境

（1）練習有創意的——甚至是古怪可笑的！——腦力激盪：腦力激盪是 FIG TESPN 圖表中「T」的構成要素。學生可能會陷入困境之中，認定只有一種方法可以解決問題，即使反覆嘗試也起不了作用，仍堅持嘗試使用這個解決方案。有一項活動有助於營造「任何回應都可以」的氣氛，過程中用腦力激盪的方式對模棱兩可的圖畫進行詮釋。這過程很簡單：在黑板上畫一個抽象的圖形（請見 P. 253 圖 8.3 中提供的一些範例），詢問學生：「這圖形可能是什麼？」然後接受各種回應。如果學生需要進一步協助，就丟出一個自己的想法——越古怪，越棒！！以下是其他

　　　　　　　　　「品格」孩子的核心素養

一些有趣的練習活動：

圖 8.3　腦力激盪的抽象圖形

- 集思廣益討論常見物品（例如：迴紋針和尺等）不尋常的用途。
- 與美術老師合作，利用回收材料來創作藝術品。
- 進行故事接龍，請學生圍成一個圓圈依序進行，先由教師或同儕開始一個創意故事梗（例如：很久很久以前，在一個很遠的地方……；她用盡全力快速地奔跑……）。
- 以類似的方法，班上的同學可以一同製作繪畫接龍，每個人輪流在圖畫上加上一些線條或元素，不需要預先安排計畫。

　　請注意，這可以在課程開始時進行這種「現在就做」的活動，定期進行有助於激發有創意的好點子。

（2）建立支持主張的基本規則：雖然腦力激盪是解決分歧問題的核心，但有些時候某些回應可能太不合常規。事情可能沒有一個正確的答案，而大家也樂見有創意的各種解釋，但你仍希望學生的答案是基於資料論據。為什麼狄姓一家人（有「長生不老」的聲名）[15] 不希望將農場內的泉水出售？回應必須合理地基於這個故事的背景；創造力需要以真相事實作為根基。在此，可以採用「兩個問題原則」促成良好的效果：

老師：狄姓一家人為什麼不想賣掉農場裡的泉水？

學生：他們不希望每個人都長生不老。

老師：哪個部分的故事情節讓你得到這個結論？

在視覺藝術的背景下，范德 · 贊德（Vande Zande）及其同事（2014）提供了一個有趣的例子。這些教育工作者描述他們使用類似的問題解決結構，不僅解決設計上的挑戰，而且讓學生學習如何「將它當作有效的生活及職業技能。藉由測試、修改和重新測試，學生發現可能有些解決方案比其他方案更有效，但是成功的可能途徑有很多」（Vande Zande et al., 2014, P. 20）。其中的一個例子，一位教師在人體工程學和人體測量學課程的基礎上，鷹架了一個問題解決

「品格」孩子的核心素養

的程序，讓學生打造一種創新的「座位裝置」（老師採用這個專業用語，是為了讓學生擺脫「椅子看起來必須像椅子」的假設）。另一個例子是關於景觀設計，學生需要設計出可以滿足現有景觀需求的特色。第三個例子，一個以色列學前（Pre-K）教育計畫的學生被要求重新設計機場，以改善機場。他們與校內較年長的學生共同合作，職責是以圖畫和模型來表達自己的想法。該程序建立了一個完整系列的社會情緒學習技能，不過是由創造力催化。隨著學生準備、完成在博覽會上向家長和社區展示成果時，較低年級和較高年級的孩子作為合作夥伴說明他們的各種設計，他們的技能建設持續地在進行中。在所有這些例子中，都提供了問題解決的程序，以便學生在進行方案中給予一般性的指導。

⛓ 教育工作者的社會問題解決

作為成人，我們已擁有決策及解決問題的多年經驗。儘管如此，我們都有成長的空間。以下這些描述或許有一項或多項適用你的狀況：

15　《永遠的狄家》（*Tuck Everlasting*），奈特莉・芭比特（Natalie Babbitt）的經典暢銷小說，描寫一個長生不老的奇幻故事，主角為具有長生不老能力的狄姓一家人，父親狄達、母親迪梅，以及兩個兒子傑西與邁爾，背後的祕密是長生不老的泉水。

- 我覺得自己的課程已是固守成規；事情進展得相當順利，但似乎只是一遍又一遍地重複著同樣的事情。

- 周圍的事物正在迅速地改變。現在的這些孩子已經不太一樣了，來自「上位」的指派任務不斷地變化。我擔心我現在的作法不會永遠都管用。

- 我喜歡教學，但我的工作中無法發揮我有創造性的那一面。

- 大多數學生都做得很好，但仍有一群我無法成功觸及的學生。

心中有一套解決問題的框架，對於發展一個人的實踐會相當有幫助。事實上，FIG TESPN 與「實踐者行動研究」（practitioner action research, PAR）的方法有幾個共享的構成要素，實踐者行動研究是課堂上實施變革的結構性方法。在實踐者行動研究中，教育工作者確立一個特定的問題或學習目標，計畫如何著手解決、將計畫付諸行動並以結構性的方式來觀察結果。重要的是，與 FIG TESPN 一樣，實踐者行動研究是一個反覆運作的過程（iterative process）。這樣的過程產生進一步的機會來完成問題解決的程序。

藉由 FIG TESPN 的視角來觀看實踐者行動研究，教師或許會考量以下問題來作為指導：

「品格」孩子的核心素養

（1）讓你意識到挑戰或問題的感受是什麼？在什麼情況下，你最有可能產生這種感受？

（2）你目前正在解決的問題是什麼？有哪些可以幫你獲得更多資訊，以更完善地了解問題的性質？

（3）你的目標是什麼？你希望產生的結果是什麼？

（4）為了實現你所期望的結果，你可以透過哪些不同的方式完成？

（5）不同選項的成本和效益是什麼？

（6）考量成本和效益，哪個選項最有可能讓你最靠近實現所立下的目標？

（7）你需要採取哪些步驟來規劃一個試驗性專案（pilot project），以測試你所選擇的選項？

（8）你將如何積極主動地確保你可以從試驗性專案觀察到結果，並從經驗中學習？既然你已嘗試了試驗性專案，你對事情的進展有什麼樣的感想？你下次可能會採取什麼不同的作法？

退一步從更廣闊的視野來看，實踐者行動研究和 FIG TESPN，都是持續不斷改進的精神。我們看到塔木德聖人塔馮拉比（Rabbi Tarfon）智慧的適用性，拉比指出「完成那

個工作不是你的職責，但你也不能隨意地放棄它。」我們的
成長──以及我們學生們的成長──永遠沒有完成的一天。
對我們而言，學習意味著我們要對一項永無止境的任務堅持
不懈。

　　　　　　　　　　　　　　　「品格」孩子的核心素養

第九章

跨學科的社會情緒和品格發展要素

　　前幾個章節討論了提高情緒覺察、自我調節、同理、溝通、建立關係及問題解決等能力的方法。我們認知到，這些技能的界限有些模糊。從開始到現在，我們已經指出技能是如何相互交集，一項技能的成功如何幫助其他技能。例如：良好的溝通將有助於將問題的解決方案付諸行動。然而，就像一位優秀的體育教練一樣，我們也認知到，複雜的互動可以而且應該分解成幾個部分，並在組成的部分進行練習。有如一個燉鍋「慢煮」的過程，這種漫長有時會讓人感到沮喪。我們都可以想像，一位有抱負的球員，在經過看似沒完沒了的技能訓練之後（「每個人都用非慣用手來回運球跑二十趟！」），不禁懷疑，到底什麼時候才能真正地打籃球啊！

　　但是，即使在練習這些部分技能時，我們有時也會被要求直接跳過，好專注於更複雜的情況。無論球員們是否掌握了非慣用手運球的技巧，他們都必須出去參加明天晚上預

定的比賽！部分和整體當然是相互連結的，教練可以透過比賽來作為練習的機會，並提供有關特定技能的反饋。同時，教練需要更多方面地看待這個過程，並提供更大幅度的各種技能建議，以及這些技能的運用組合，無論它們是否曾經是重點。

同樣地，即使你專注於社會情緒學習和品格發展的特定能力，也可能會出現這樣的情況——即有機會架構一些需要制定和協調多種技能的流程，這些技能有些已經一直在練習，有些則尚未練習。

由於本章的素材都是建立在前文已經討論的技能，所以其中有些內容可能像是在複習。事實上，在很多點上我們將請你參考先前討論過的活動。然而，看起來像是複習的內容，實際上是技能轉移和綜合歸納過程的一部分。即使一個學生在內容導向的角色扮演中，已經練習和提升了溝通技巧，也不能假設他現在已準備好將這些技巧成功地運用到自己的生活之中。

在本章中，我們將會討論在正規課堂活動中建立社會情緒和品格發展的各種機會。我們將著重於三個範圍：

（1）班級／行為管理。

（2）促進對學習任務具生產力的關注。

（3）特別富有成效的社會情緒和品格發展教學法，例

如：服務學習和小組導向的指導。

⬦ 班級／行為管理

你已經建立了班級的行為準則和規範（如第三章所述），並且也將社會情緒和品格發展納入學科領域了。太棒了！我們可以為你做鐵一般的保證：無論你重申了多少次班級約定，或者班級人際關係風氣多麼美好，或者你的學生練習了多少次前面章節所提及的所有核心技能……在某個時刻，就會有學生做出不符合你預期的事情。而你需要對此作出回應。

有各種術語可以用來描述教師工作的這一項必備要素，我們認為每一種術語都有其限制：紀律（這聽起來嚴厲）；後果（似乎把事情簡化了）；班級管理（過於概括）；和行為管理（聽起來很有控制力）。我們傾向以下的說法：

> 以提供機會讓學生建立並練習社會情緒技能的方式回應學生的行為。

我們了解那是相當龐大的事。我們將使用更精簡的術語，即班級／行為管理（classroom／behavior management）。

無論我們對此如何稱呼，社會情緒和品格發展如何幫助

我們思考對於學生的違規行為如何做出回應？我們需要「管理」的那些行為，通常是錯誤應用或沒有應用所需的社會情緒和品格發展技能：在面臨壓力的情況下缺乏自我調節、使用了令人厭煩的語調、或沒有預想到後果。當我們展望超越這種行為的未來時，我們將會考思如何讓學生更有可能地應用他們所需的社會情緒和品格發展技能。

在討論具體的技術之前，我們先來介紹兩種思維方式的轉換，這與採用強化社會情緒和品格發展方法進行班級／行為管理是相關的。

班級／行為管理思維

我們已經在整本書中都提到了關於班級／行為管理的思維模式，特別是在我們討論所使用的語言和術語時。我們使用的這個龐大用語反映了一種思維，在這種思維中，我們對學生不當行為的反應，旨在協助發展學生行使期望行為所需的技能（和懲罰性的思維相反，在這種思維中，教育者認為他們的反應就是要引起學生不愉快的經驗，以阻止他們再次做出那些不當行為）。

因此，我們的第一個思維的轉換，是從懲罰轉向建立技能（請見 P. 263 圖 9.1）。

　　　　　　　　　　「品格」孩子的核心素養

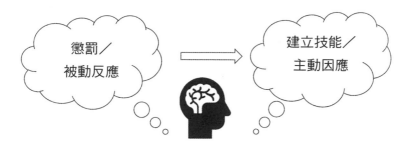

圖 9.1　行為管理所需的思維

　　最終目標是讓學生管理他們自己的行為。建立技能思維的一個衍生結果，就是班級／行為管理的過程需要極大的耐心。即使上次發生時我們已經處理了，喬伊卻以同樣負面的方式反應，為什麼他學不會？從建立技能的觀點來看，答案相當明確：建立技能需要時間，而在學校的挑戰（例如：衝突）一般涉及許多種技能。這種思維的轉換，與社會情緒和品格發展方法對該主題的整體目標有關——學生應該能夠「管理」（或「調節」）他們自己的行為，而不是讓外部來源來管理。

　　第二項轉換，是從**被動反應**（reactive）轉向**主動因應**的（proactive）立場。

　　衝突是在所難免的事，但打架不是。負面情緒是意料之中的事，「爆發」則不需要。以社會情緒和品格發展為導向

的方法，旨在認知到社會情緒和品格發展挑戰是生活的一環，有必要準備好應對這些挑戰所需的技能和策略。而且，發展這些技能和策略的最佳時機，並不是在面臨危機的時刻。當我們的班級出現衝突時，我們將要如何解決衝突？這是一個需要儘早回答的問題（理想的狀況，在與學生的對話），而不是在發生衝突時。如果我覺得非常生氣（或悲傷、無聊等）並且難以控制這種感受，我可以做什麼？這問題同樣值得加以規劃——這是會發生的事！——而不是等到學生情緒崩潰時才要搞清楚。每天在課堂上介紹和練習的語言和技能，就是在這些情況下會派上用場的。

為班級／行為管理奠定基礎

　　在你的班級裡可能已經有一些流程可以被調整並加以利用，透過應用社會情緒和品格發展技能，來建立學生管理自身行為的內在能力。例如：在問題出現時，「告訴老師」是學生使用的舊有備案。這種策略有其優勢（引入一位負責的成人來處理潛在的爆炸性衝突），以及劣勢（引入一位負責的成人來處理可以在沒有成人介入的情況下可以處理的事情）。後者的這種情況需要耐心。隨著技能的發展，需要成人調解的問題也會越來越少。同時，如果需要的話，寧可讓他們尋求協助也不要冒險犯錯。

所以，老師已經「被告狀」了。現在要怎麼做？這是使用第八章所述的所有或部分引導式問題的絕佳機會。假設，沒有迫在眉睫的危機，在這些情況下提問有助於確保學生積極地參與解決自己的問題——即便已有一位成人被呼喚了。

　　「暫時隔離法」（Time Out）是針對不當行為的另一種常見懲處。我們建議，思考「暫時隔離法」之際，從被動反應思維轉換至主動因應思維。被動反應的立場將「暫時隔離法」視為不當行為的負面後果，然而「暫時隔離法」本應降低不當行為再次發生的可能性。以這種方式框架的話，暫時隔離就會產生爭議。這是一種教師強制的社會排擠形式嗎？對於不想待在教室的學生來說，暫時隔離實際上不是成了一種獎勵嗎？事實上，有些學校規定教師不能使用暫時隔離。確實，這個用詞已經背負太多的包袱，我們建議使用另一個用詞，從一個排擠的操作原則，轉換至一個實行自我管理的用詞，即「積極介入法」（time in）。以下，我們提供了一些例子。

　　以主動因應的立場作為一個起點，有時我們所有人都需要集中自己的思緒，減壓、靜坐，以理清負面的情緒。在一個理想的世界裡，我們都能夠順利地管理自己的情緒，直到我們能夠達到一個如此沉靜的時刻。在真實世界裡，有時我們馬上需要那樣的時刻，否則事情就會急劇的失控。

確保班級在事態升高之前，學生們瞭解處理觸發情緒和問題的過程，並準備好鷹架的方法。有些教師設計了問題解決區（Problem Solving Zone），提供 FIG TESPN（請見第八章）的步驟或已經教導頗具特色的其他問題解決策略，學生可以去那裡共同解決無法立即化解的分歧。也許提供問題解決工作表，讓分歧的各方必須填寫來解決問題。如果學生曾做過「FIG 邁步練習」（請見第五章），可以使用這個作為觀點取替及解決問題的腳本。問題解決區裡面可以有如同腳步形狀的大張剪紙——甚至是一雙超大尺寸的拖鞋——學生可以站在上面，如同「FIG 邁步練習」（請見第五章）等活動時使用的一樣。然後，學生依循著那份腳本，提出他們那一方的問題，反思性地聽取另一方的意見，並就解決方案來進行討論。類似的指定區域（例如：保持冷靜小角落、無壓力區、平靜之地及放鬆身心區）已被用於協助學生在沮喪時讓自己平靜下來。

　　當你面臨情緒崩潰的風險時，你自己可以示範快速進入問題解決區的方法。以主動因應的名義，準備跟進那些似乎正在問題解決區累積點數的常客學生。或許循序漸進地討論——藉由引導式問題來調解——關於學生頻繁造訪問題解決區的原因、面臨的問題、以此方法解決問題的利弊以及替代解決方案的可能性。

　　　　　　　　　　　　　　　　「品格」孩子的核心素養

教育工作者的衝突降溫

任何人類近距離活動、及／或從事共同任務、及／或長期維繫關係的地方，衝突是難以避免的。衝突反映了意見、想法、優先事項、目標、觀點及／或信念等方面的差異性。讓衝突升溫的行動，往往會將雙方立場的距離拉大；讓衝突降溫的行動至少不會增加雙方距離，至多只是縮小距離或將當下衝突的焦點轉移至他處。

對於教育工作者來說，成功的衝突降溫始於瞭解自身的感受，對學生的觀點有良好理解及與學生關係的強度。當憤怒和其他強烈情緒進入你與學生的互動時，衝突就會因而升溫。因此，在衝突的情況下我們如何與學生溝通，對他們的學習成果有巨大的影響。

要牢記的一般性準則：一個人永遠不會藉由行使自身的權力或懲罰的能力來「贏過」與學生的衝突。雖然這樣做似乎可以結束當下艱難的局面，但代價是你與學生的關係。一個憤怒的勝利，將會需要許多積極的互動才能抵銷，如果還有機會的話。

注意你的語言表達。教導學生相互尊重地溝通的 BEST 指導原則（已於第七章說明）也適用於此。避免具有威脅性的身體姿勢／姿態。身體上的後退通常有助於降溫。與學生進行眼神交流，但不要怒目而視。注意你所說的話，避免指

責、直接命令，還有任何侮辱性或負面的歸因。最後，請注意你的語調。平靜可以讓情況降溫，安靜不說話也可以。你可能不會感覺平靜，你可能想要大吼，但這無濟於事，而且事後你實際上也不會感覺更好。

最後，準備好說明你稍後會繼續的對話。尤其重要的是，不要在全班或小組面前發生衝突，至少不要超過必要的時間。你可以說：「我不喜歡這種情況，但我們最好在〔什麼時間、什麼地點〕見面並討論這個問題。如果你需要一、兩分鐘來準備〔回到剛發生的事或接下來會發生的事〕，你可以〔指定可能可行的事〕。」

歸根結底，維護學生的（和你自己的！）自尊和尊嚴，比你面臨的具體衝突情況更為重要。再次地，你可以看到溝通和關係是如何緊密的相連。

建構行為反思（Behavioral Reflection）和自我監督

從被動反應轉換到主動因應的班級／行為管理的核心，重要的是學生掌握監督自身行為的主動權。教師等待著事情出錯然後才提供回饋，這就是所謂「被動反應」（reactive）的定義！但是，自我監督是困難的，並且需要在控制的條件下練習，如同社會情緒和品格發展的所有能力一樣。自我反思的課堂練習——甚至，或特別是，當反思不是針對問題行

「品格」孩子的核心素養

為的回應時——可以幫助學生發展自我監督行為的能力。當學生對個人行為的成長目標有發言權時，這能力就更加強大，稍後將會討論。

對於已經採用品格語言的學校，我們建議使用反思的工具，例如：品格監督記錄單（請見 P. 270 框格 9.1）。對於更關注社會情緒和品格發展技能的那些學校來說，技能實踐工作表（請見 P. 271 表框 9.2）也能達到類似的目的。這些格式是作為第一層的干預措施而制定的，旨在幫助學生關注他們在處理特定技能或品格方面所得到的進展，並且定期地使用。無論你選擇哪一種特定版本，使用這些種類的工具都有一些基本準則：

（1）協作非常有價值，讓學生和學伴一起合作來協助品格及／或技能的提升。

（2）這些工具可以並且應該定期使用，也許每週在同一時間保留幾分鐘來完成。

（3）目標品格／技能可以每個學生都相同，也可以根據學生自身的需要來進行個人化的設定。本書到目前為止所討論的任一項技能和品格都可以作為目標。

（4）這些工具可以作為一種行為的成長歷程記錄（behavioral growth portfolio）。你和學生可以在

一段時間後（一起和單獨）檢視學生的進展，也可以作為親師會期間討論的基礎。

框格 9.1　品格監督記錄單

你正在努力的品格是什麼？

描述最近的一個情況你覺得挑戰了你在該項品格的努力（發生了什麼事、你在什麼情況等）：

你當時感覺如何？

在這種情況下，你認為你善用該項品格的程度怎麼樣？

1	2	3	4	5	6	7

不太好　　　　　　　　　　　　　　　　**非常好**

關於這個情況，你喜歡自己哪一種處理方式？

關於這個情況，你不喜歡自己哪一種處理方式？

如果類似的情況再次發生，你可能會如何地以不同的方式處理？有什麼可以幫助你做到這一點？

　　　　　　　　　　　　　　　「品格」孩子的核心素養

框格9.2 技能實踐工作表

姓名：_____　　日期：_____

已實踐的技能：

你在什麼時候實踐？

當時你在哪裡？

還有誰在那裡？

你做了什麼？

你觀察到什麼？

其他人有什麼反應？

還發生了什麼事？

你如何評價自己在這項技能上的使用？

差／一般／還可以／好／非常好

下次你會有什麼不一樣的作法嗎？

你還想練習什麼其他的技能？

從問題中學習

那麼，就算你已經做了上述所有這些，以能夠主動地預

防問題行為，但你看，問題行為仍舊會發生。震驚嗎？一點也不會。但現在要怎麼辦？儘管我們強烈地擁護要預防問題行為，但我們也認知到，當這些行為確實發生時，必需要承擔後果。這些第二層的干預措施，補強了上述第一層自我監督的反思方法。諸如修復式正義（Restorative Justice）之類的方法，可以與社會情緒和品格發展的增強法配合進行。例如：下面的反思單（請見 P. 272 框格 9.3；由一所使用馬賽克課程的學校開發）使用了在整本書討論的框架「使事情正確」的想法。

框格 9.3　行為反思單

姓名：＿＿＿＿＿＿＿　年級：＿＿＿＿＿＿＿

事件發生日期：＿＿＿＿＿＿＿＿＿＿＿＿

■ 馬賽克反思單

發生了什麼事？我做什麼？在這種情況下，我該負的責任？

■ 我沒有遵從的行為期望是：（勾選任何適用的項目）

☐ 準時（到校／離校／上課）　☐ 遵從師長的指示

☐ 使用適當的語言　　　　　　☐ 尊重他人的物品

　　　　　　　　　　　　　　　「品格」孩子的核心素養

□ 尊重／禮節／禮貌　　　□ 適當的校園通行證

□ 適當地且安靜地行走　　□ 其他

■ 我的行為傷害了誰或造成了什麼問題？造成了什麼
樣的傷害？他們需要我做什麼？

■ 為了糾正及／或修復我所造成的傷害，我可以採取
的措施：

（1）

（2）

■ 我想要什麼？在這個情況中，我的需要是什麼？我
為什麼會有這種行為？

□ 我希望得到學生（們）的關注

□ 我希望得到大人的關注

□ 我想要一個人　　　　　□ 我想要一個物件／東西

□ 我不想要做作業　　　　□ 我想要回家／離開教室

□ 其他 _____

■ 能幫助我滿足需要的馬賽克技能：（勾選任何適用
的項目）

□ 溝通（表達我需要的是什麼，「我訊息」）

□ 解決問題（解決關係中的問題）

□ 情緒調節（冷靜下來）

□ 同理（理解他人的觀點）

■ **在這種情況下，對我有幫助的馬賽克特質／品格**
是：（勾選任何適用的項目）

□ 積極的目的   □ 樂觀的未來思維

□ 負責任的勤奮   □ 有建設性的創意

□ 樂於助人的慷慨   □ 富有同情心的寬恕

□ 富有同情心的感激   □ 其他

■ **下次我可以選擇以積極、有幫助及有技巧的行動來**
滿足我的需求：

（1）

（2）

（3）

簽名：

日期：

資料來源：改編自 SDM／SPS 及馬賽克課程相關資料

教師可以幫助學生反思他們在問題情況下出了什麼錯，並計劃若未來發生類似情況時如何採取替代的方案。反應追

「品格」孩子的核心素養

蹤記錄單（請見 P. 275 框格 9.4，適用於較年幼的孩子）和問題追蹤記錄單（請見 P. 276 框格 9.5，適用於較年長的學生）設計的主旨，就是幫助學生反思問題情境中的社會和情緒因素。

框格 9.4　反應追蹤記錄單

姓名：＿＿＿＿＿＿＿＿　日期：＿＿＿＿＿＿＿＿

發生了什麼事？＿＿＿＿＿＿＿＿＿＿＿＿＿＿＿＿

	😟	😐	🙂
保持冷靜			
身體姿勢			
眼神交流			
說適當的話			
說話語調			

你喜歡你所做的哪些事？

要更完善地處理這種情況，你可以做些什麼？

資料來源：改編自 SDM ／ SPS 相關資料（Bruene Butler, Romasz-McDonald, & Elias 2011；Elias & Bruene Butler 2005c，2005b，2005a）

框格 9.5　問題追蹤記錄單

姓名：＿＿＿＿＿＿＿　　日期：＿＿＿＿＿＿＿

（1）當這件事發生的時候你在哪裡？

（2）這是什麼時候發生的事？

（3）發生了什麼事？

（4）當這件事發生時，你有什麼感受？

（5）還有哪些人也參與其中？

（6）你做了什麼事？

（7）其他人做了什麼事？

（8）你是如何處理自己的？

　　　☐ 極差　　　☐ 不好　　　☐ 還好

　　　☐ 好　　　☐ 很好

（9）你有多麼難過？

1 一點也 不難過	2	3	4	5	6	7	8	9	10 超級 難過

（10）你當時其實還可以做什麼？

（11）你現在可以做些什麼？

資料來源：改編自 SDM / SPS 相關資料（Bruene Butler, Romasz-
　　　　　McDonald, & Elias　2011；Elias & Bruene Butler 2005c，
　　　　　2005b，2005a）

　　　　　　　　　　　　　　　　「品格」孩子的核心素養

諸如此類的反思工具，必需與社會情緒和品格發展的基礎知識一併使用。要求學生在激烈的爭論中競相完成這些工具是錯誤的作法。最好先讓他們採用「保持冷靜」來進入解決問題的思維。應該提前將工具介紹給全班同學，而不是在出現問題後。理想情況下，從你在學科領域的工作中，學生獲得使用 FIG TESPN 這個問題解決框架的經驗。請採用與這個框架相關的反思工具，並參考你曾介紹的其他社會情緒和品格發展的技能，將有助於學生把他們的學習轉移至這些新的問題情境中。這些工具的使用方式類似於上述品格監督紀錄單和技能實踐工作表中所討論的方式。這些問題的解決方案可以持續追蹤。一段時間後，與學生一起回顧這些反思，可以幫助他們主動發現自己的情緒按鈕，如第六章中所討論的內容（「我注意到了，所有惹麻煩的事件記錄都是發生在下課休息的期間……」）。

　　最後，我們意識到有時候在麻煩的情況下需要快速即時的干預（intervention）。這個 STOP 停止程序（請見 P. 278 框格 9.6）可以在這些情況下派上用場，此程序提供了一個快速的干預腳本，其中包含社會情緒和品格發展的核心元素。

框格9.6　STOP 停止程序

S ／ STOP 停下來並採用「保持冷靜」

- 說「停止」以打斷行為，並
- 「保持冷靜」以促進呼吸。

T ／ TAKE A LOOK 看一看

- 快速地識別出問題是什麼——「發生了什麼事？」
- 然後——聚焦於目標上——「下一步要怎麼做？目標是什麼？」

O ／ OPTIONS 多重的選項

- 腦力激盪各種想法：
- 接受第一項可行的方案。

P ／ PLAN 計劃並實踐

- 一種更好的行為方式。
- 讚美新的行為／更好的決策。

資料來源：改編自 Miller Liebe, Tissiere, & Bialek 2017

「品格」孩子的核心素養

促進對學習任務富生產力的聚焦

　　將社會情緒和品格發展的概念運用於班級／行為管理，將有助於創造一種環境，在其中意見分歧不太可能導致衝突，並且情緒可以成為豐富經驗的來源，而不是破壞。然而，一個管理良好的班級，並不會自動地轉化成為發生學習的班級。成功的班級管理對學習是必需的，卻不是充分的促成因素。教師還必須打造一個可以增強學生學習動機的環境。在此，社會情緒和品格發展的想法和技術也可以帶來幫助。

　　在這裡也是一樣，檢查我們自己對動機（motivation）的思維也很有幫助。當思考和談及動機時，有時候我們會陷入那樣的習慣，好像動機是兒童或青少年（或成人，就此而言）一項固定不變的特質。

　　　你太幸運了，今年珍在你的班上。她是一個很有動
　力的學生。然後祝你好運。萊恩去年在我的班上，他超
　級沒有動力的。

　　像這樣的陳述內在的假設是，因為珍在第一個學年積極地參與課堂內容，而萊恩沒有；所以珍第二個學年會這樣做，而萊恩就不太可能有所作為。這其中可能存有一些事實

——過去的行為確實很有可能預測未來的行為。但這種思維將問題過於簡化，對珍或萊恩來說可能都不是一件好事。萊恩很可能在一天的某個時間點產生了動力。珍可能在第一個學年對於課堂上某些元素有所回應，而這些元素或許不會出現於下個學年。如同所有社會情緒和品格發展的實踐方法一樣，這之中必備的是有意識地考量激勵的環境。

事實上，當我們討論在課堂上的動機時，多數真正的議題不是一般的動機，而是去做教師想做的事，教師想要什麼時候做及教師想要事情怎麼做的動機。那個會擾亂的孩子可能具有高度的擾亂動機！從這個意義上，學習的動機是一種內在的特質。我們無法讓學習發生——重點是，學習的內容、何時學習、在哪裡學習及如何學習。

因此，我們的目標是在學校環境中，實現對於學習任務富生產力的聚焦，儘管存在競爭的動機讓我們不這麼做。這些相互競爭的動機，可以來自許多的來源，有一些主要來自校外的經驗，有一些來自校內的經驗（例如：失敗），另外有一些則來自社交媒體等。實現富生產力的聚焦，需要解釋／說明學習的理由，建立師生關係有助於提供一個中間的裡由給孩子參與學習（你先為我做這件事，然後慢慢地學會為自己做）。一個安全、關懷及支持的環境，可以容忍錯誤和創造性的答案，也有助於學生富生產力的聚焦。

關係與信任

好消息：藉由實行本書中描述的各種建立關係、增強社群的步驟（尤其是第三章），你已經走在滿足這些基本需要的道路上。正如平特里希（Pintrich）在總結大量的心理教育研究（2003, P. 675）時所言：

追求社會目標例如交友和負責（遵守班級規則和規範），與學業成果有相關性，包括努力和成就。因此，常常被認為會分散學業追求的社會目標，可以利用來為學業目標服務。

「同儕壓力」——一個通常與反社會行為相關的用語——也可以適用於積極的焦點。積極的焦點可以成為該小組的責任。想像在一個班級裡，教師和學生共同制定參與工作的規範；這些規範包括處理挑戰的程序（「偶而，你會發現有一些活動沒有其他活動那麼有趣，即便是在那樣的時刻，我們可以做什麼來幫助自己保持專注？」）；以及如何定期審查這些規範（我們做得如何？）。在這樣的班級，努力保持積極的焦點成為標準化的操作程序。

師生關係也會對動機造成影響，尤其當它與信任有關的時候。總有一些時候，任何一位學生（就此而言，包括任何

一位教師）的動機會受到考驗。學生對於教師的信任，會讓他們產生一種「我們可以渡過難關」的感受。動機不足的時刻是學生和教師要共同解決的難題；而不是將重擔壓在那些被訓斥「振作起來並集中注意力」的學生身上。

挑戰：壓力和成就的適居帶

　　雖然動機的關係背景很重要，但學習任務本身的性質也很重要。針對壓力及動機交會的研究已是由來已久的傳統。天文學家們尋找外星生物的過程中，開始使用「適居帶」（Goldilocks zone）一詞來描述具有「恰到好處」的溫度以支持智慧生物的行星。教室（我們非常希望有智慧生物棲息於此）也有一個適居帶，一個「恰到好處」的緊張或壓力區域。雖然教育工作者有時認為「無壓力」是最佳的狀態，但只有當人們將任何程度的壓力定義為問題時，這種說法才能成立。適居帶的頂端──導致強烈焦慮或抑鬱的過多壓力──這是眾所皆知的。當學生從焦慮的根源中解脫或因為他們永遠不「夠好」而放棄時，動機可能就會受到影響。然而，在教育理論及實踐中，可能會在適居帶量表呈現過低，即緊張或壓力過小。當這種情況發生時，工作被視為固定模式而欠缺挑戰性。沒有人為結果投入；一個人如何努力並不重要。於此，動機的風險之一，即無聊和不參與。我們可以將適居

　　　　　　　　　　　　「品格」孩子的核心素養

帶視同蘇聯心理學家維高斯基（Vygotsky）提出的近端發展區（Zone of Proximal Development）。一位有效的教師會為學習機會鷹架足夠吸引人的挑戰，但不至於引起焦慮；學習機會必須具挑戰並被視為可以實現。

挑戰也與**能力**（competence）及**能力的感知**（perception of competence）有密切的相關性，這是自我決定理論中兩個關鍵且相互關聯的元素。對無能的感知，會導致不願意接受挑戰。在挑戰中屢次失敗會導致無能的感知；然而，對於某些孩子來說，可能只需要一次情緒化的失敗，就可以引發無能的自我歸因。一個特別的風險，是學生開始相信他們永遠無法發展出一種能力。雖然教師希望針對所有學生的「適居帶」量身訂製他們的挑戰，但這樣的量身訂製必須與鷹架發展過程一起進行，發展應對更困難挑戰所需的能力及創造符合現有能力水準的各種挑戰。

樂觀

積極的焦點，也與**樂觀**有關。如果我懷疑努力是否會結出果實，我就不太可能有努力的動機。你學校的圖書管理員可以幫助你找到適合任何年齡關於樂觀的書籍。當然，有一本偉大的經典之作是《小火車做到了！》（*The Little Engine That Could*）。像這樣的書是介紹「樂觀」這個詞語的重要

方法，並向學生說明這代表你可以完成某件事、學習某事物，或期待一件事會順利進行、享受樂趣等。這是必須讓學生知道的重要訊息，尤其是當你對某事不太確定時，保持樂觀是一件好事。即使你對於一個測驗或一個專案沒有把握，認定這件事可以順利進行就是一件好事了。這種思維將有助於你將最好的精力投入於你正在進行的事物中。

除了採用讀本之外，這裡還有另一項可以提升樂觀情緒的活動（請見 P. 285 框格 9.7）。

有意義的工作

認為工作有意義的這種見解，可以為其他固定模式或無聊的任務提供動力。這可能不足為奇，但研究人員在實驗條件下進行了驗證，他們給予青少年機會去選擇「完成無聊的數學問題（進行個位數的減法）或把時間放在吸引人但浪費時間的媒體」（Yeager et al., 2014, P. 563），例如：網路爆紅短片或玩電動遊戲，然後測量他們的行為。在某些情況下，研究人員採取了一些措施讓參與者相信這項工作雖然乏味，但對他們可能有一些用處。從一系列的研究中，作者得出結論，將任務視為有意義可能會增加投入其中的時間。他們的結論：

「品格」孩子的核心素養

框格 9.7　收集積極

每一天結束時，花上幾分鐘時間，請學生思考並分享他們今天在學校順利的一件事。他們可以寫在一張紙上，記載在班級上的樂觀筆記本中，寫在他們的日誌中或以其他方式來「收集」這些事。對於不會寫字的學生，他們可以用說的、用畫的，也可以從卡片中選擇描述一天中進展順利的一般事物。在中學和高中，這可以於一天結束時進行，在最後一堂導師課的班級中，可以調整時間表讓每天兩分鐘時間來進行此活動。所花的時間非常值得。

無論這一天整體而言是積極或消極，這種收集好事物的習慣都有助於學生培養樂觀的意識。

注意：當學生沒有為收集積極做出貢獻時，這是一個危險信號，如果這狀況重覆發生，教師或學校專業支援人員應跟進學生的狀況。

資料來源：改編自 Miller Liebe, Tissiere, & Bialek 2017

「當難以讓任務變得『有趣』時，藉由促進親社會、自我超越的學習『目的』來專注於創造個人『意義』，會帶來很大的幫助……總而言之，似乎當青少年有一個

對個人重要和自我超越的『學習目的』，他們甚至能夠忍受乏味和不愉快的『學習過程』。」

（Yeager et al., 2014, P. 574）

這些研究人員在自我導向（self-oriented）和自我超越（self-transcendent）的目的之間，做出了顯著的區隔。前者是關於學生認為工作對自己有意義（例如：成為一名醫生）；後者則是關於讓他們行善並幫助他人的任務（例如：發現一種巴金森氏症的治療方法）。雖然這兩者經常伴隨而生，但當他們透過統計分析將兩者的影響加以區隔時，自我超越的目的對動機有更加強大的影響。

有助於讓工作有意義的一個方法，是讓學生參與設定目標，並制定實現這些目標的務實計畫。在研究問題導向的數學教學實施（2016 年）時，福爾摩斯（Holmes）和黃（Hwang）指出，「如果學生自主地為自己設定適當的目標，採用有效益的學習策略，創造有利的學習環境，並尋求同儕及教師的協助，他們將促進自己在短期及長期的學習過程。」（Holmes & Hwang, 2016 , P. 461）。

這也可以透過行為及學業改善的目標來實現，並可以為本章稍早討論的反思過程奠定基礎。制定一個改善計畫有助於解決這個問題。一般的格式是確立將要制定改善計畫的領

　　　　　　　　　「品格」孩子的核心素養

域（請注意，無論學生的技能多麼熟練，總會有他們可以改善的領域）。一些較為常見的領域，大多是讀書技巧、品格、社會情緒學習技能、個人健康及公民身分（在班級、學校、社區中的身分）。後續的步驟如下：

步驟一：列出想要改善的一至三個領域。

步驟二：針對每一個領域制定如何進行需要改善的一個短期的行動計畫。

步驟三：設定一段時間以重新審視這項計畫，並使用下面的評量（圈出最佳的答案）來進行評估：

很好　　　　　　不錯但仍有進步空間　　　　　不是很好

步驟四：制定新的行動計畫及／或形成一個新改善領域。

步驟五：以持續的的方式重複此過程。

舉例來說，學生讀書技巧改善計畫工作表（請見 P. 287 框格 9.8）可以幫助學生在該領域設定目標，該目標與學科內容相關，並有助於提供促進成功所需要的能力。

框格 9.8　學生讀書技巧改善計畫工作表

日期：_____　學生：_____

你計劃要提升的讀書技巧：

1_____

2_____

3 _____

你將會採取哪一些措施來嘗試改善：

1_____

2 _____

3 _____

你的計畫進行得怎麼樣？（圈出最佳答案）

很好　　　　不錯但仍有進步空間　　　　不是很好

拿一張新的計畫表並列出你的下一組目標。你可以選
擇所有新目標，保留一些、增加一些項目，或保留目
前所有的目標並努力地加以改善。

你的簽名：_____

學習夥伴的簽名：_____

小組長簽名：_____

資料來源：改編自 Elias & Bruene Butler 2005c

　　有一個關鍵的考量，是指派一個改善合作夥伴
（Improvement Partner），即班級或小組中的另一個學生，
他將進一步瞭解該項計劃，並試著去幫助合作夥伴採取必要
的行動。通常，同儕在成人看不到的情境下看見彼此，而且
往往處於有利的位置可以支持改善的工作。學生可以互相成

　　　　　　　　　　　　　「品格」孩子的核心素養

為改善合作夥伴，可以採用循環的方法，只要每個人都有一個改善合作夥伴，並同時是其他人的合作夥伴即可。

⌀ **特別有效的社會情緒和品格發展教學法**

本書的中心思想，是社會情緒和品格發展與學科內容的無縫整合，這不僅可以實現，也值得嚮往。前幾章所描述的技能，與許多以內容為導向的教育方法可以兼容。對於大多數的教育工作者來說，將社會情緒和品格發展與學科內容的整合，並不意味著放棄當前的實踐，讓個人的教學方法從頭開始。（給希望在他的情境中實施社會情緒和品格發展的領導者一個提醒：人們對於嘗試進行大規模變革的看法，可能會破壞實施的努力。）相反地，教師可以進行相對較小的調整來處裡社會情緒和品格發展。

然而，有一些教育方法，是社會情緒和品格發展與學科交集的絕佳範例。在本節中，我們將重點介紹兩種教學法，即服務學習和小組導向的教學，它們是前面章節中已討論的多項技能的交集。

服務學習和社會行動

瑞秋 ‧ 凱斯勒（Rachael Kessler）在她具有開創性的著作《教育的靈魂》（*The Soul of Education*，中文書名暫譯）

中預想了一種服務學習方法，「可以讓學生超越『規則』而產生同理」，這「超越為了滿足強制性『服務學習』的要求，而是透過給予來尋找意義和目的。」對凱斯勒而言，有意義的服務學習讓學生「發掘讓人類想要減緩他人痛苦的同情心」（Kessler, 2000，P. 72）。

如果同理取決於瞭解他人的生活與經歷，那麼與許多不同的人建立關係就非常重要。服務學習具有極大的潛力，可以讓學生直接接觸他們平時相處那群同儕之外的個人。

伯曼（Berman）和麥卡錫（McCarthy）提供了一個例子（2006），這是來自麻州哈德森鎮（Hudson）的一所公立學校，該學區相當著重跨年級的服務學習。他們所描繪的圖像，不僅顯示了服務學習如何深植於學科課程，同時有助於促進同理。其中有一個例子，他們討論幼稚園拼被專案（the kindergarten Quilt Project）。他們讓學生們製作拼被，送給在遊民收容所出生的嬰兒。學生們設計拼被的小方格，創作信息及裝飾，然後輪流帶拼被回家給家長看。他們發展了一本信息小書，隨著拼被一起送到收容所。

這一項特殊的專案，已是這些幼稚園兒童今年所體驗的第四項服務學習專案，提供了機會給五歲和六歲的學生思考那些需要協助的人，並意會到即使是年幼的孩

「品格」孩子的核心素養

子也有能力提供幫助並做出改變。

（Berman & McCarthy, 2006 , P. 51）

　　此外，這個專案與學科課程相結合，「為他們提供豐富的學科指導，關於字母 Q、縫在拼被上的幾何圖形、為一群特殊讀者寫書及拼被的歷史和文化意義」（Berman & McCarthy, 2006, P. 51）。當班級的閱讀《拼被人送的禮》（*The Quiltmaker's Gift*，關於幫助有需要的人）、《家是我們居住的地方》（*Home Is Where We Live*，關於遊民收容所的孩子），這項拼被專案結合了識字教育。在班會的時間，全班要一同決定關於拼被的設計。拼被會送給收容所的新手媽媽或準媽媽。在學校的幾年之中，學生有許多機會反思他們曾經參與的服務學習專案。

　　關於服務學習對同理的影響，相關的研究雖然很少，但通常是正向支持（Scott & Graham, 2015）。正如拼被專案的例子所示，服務學習需要不只一次的實施；事實上，根據此處總結的相關建議，有意識的設計對於成功至關重要（National Commission on Service Learning, 2002 ; Scott & Graham, 2015）。為了促進和維護第五章中所描述「我－你」立場的尊重關係，服務學習應該與被服務社群中的個體產生積極且有意義的合作關係。

學生應該要有機會處理他們的經驗——服務對於社區的影響、它解決的問題及與之相關的持續需要，和他們自身的反應。驗證自己的所有感受相當重要。學生——還有教職員！——可能不會有一致的積極反應。服務工作可能令人疲累，身處不熟悉且令人害怕的環境。也許有些人好奇這對於社區有多少實際上的影響（「所以，我們清理了街邊的雜草，但仍有一百多條還沒清理的街道。」）。特別當涉及了族群、種族及／或社會經濟學的相關議題時，當學生將自己的生活和他們幫助過那些人的生活比較時，他們可能會感到內疚。教育工作者如果對學生的這種反應不屑一顧，或更糟糕的作法，即羞辱學生，這正好表明他缺乏他希望從學生身上看到的同理。事實上，這個學生實際上可能正在體驗一種情緒上的同理（第五章）——他們的負面反應，是因為他們所遇見的這些人的痛苦而起。這是社會情緒和品格發展的可教時刻，此時可以進行情緒識別和調節——你感覺如何？我們如何才能透過服務學習來專注地發揮我們的品格？

　　服務學習不一定必須在學校之外。事實上，瞭解學校社群所面臨的挑戰，不僅可以培養同理，也能改善所有關係人的生活。在麻州哈德森鎮學區，所有六年級學生都參與了戲劇課程，他們「討論並創造生動的舞台場景來表演啞劇，為偏見、刻板印象及衝突建立替代性的解決方案，並建立一個

　　　　　　　　「品格」孩子的核心素養

班級環境，學生在這環境中可以審視自己的感受、想法、道德原則及對於那些看似不同的人們的誤解。」戲劇作品會在學生及家長們面前進行表演，他們有機會與這些演員談論他們的作品。同樣地，我們與幾所學校合作，這些學校班級藉由自願性地創作藝術品來改善單調的布置。

利用服務學習的社會情緒和品格發展潛力的相關建議（請注意，類似的建議也與社會行動的活動相關）：

- 從感受開始著手。當你要求學生思考他們如何改善學校內、外人們的生活時，從他們自己及他人的感受出發，以了解當前的情況。
  - ✓ 親身聆聽那些受影響人們的感受，可以是建立同理的一個寶貴步驟。
- 在服務或社會行動專案與他人互動時，練習人際關係的技巧。為可能會發生的情境做好準備，並進行角色模擬。例如：
  - ✓ 「當我們造訪一家療養院時，我們可能會遇到聽力不好的人。我們將如何最有效地使用我們的 BEST 溝通技巧（第七章）？」
  - ✓ 「在一個正式會議中，我們需要向社區委員會說明我們的想法。保持冷靜（第六章）和 BEST 溝通技

巧（第七章）如何幫助我們做出最有力的報告？」

● 讓學生參與服務學習專案的規劃過程，從而培養他們解決社會問題的技能。服務學習之社會行動計畫工作表（請見 P. 294 框格 9.9）會是一個有幫助的支援工具。（請注意，馬賽克課程包含服務學習及社會行動的其他課程。）

● 進行和反思整個體驗的過程。對於正向和負向的反應都保持開放的態度。

框格 9.9　服務學習之社會行動計畫工作表

寫一個句子來描述問題（或主題）及討論這個議題的目標。

考量不同的方法來處理問題或討論的議題。

審視每一個選項並投票選出前三名。

檢查每一個選項，並寫下每一個選項的優（贊成）與缺點（反對）。

選項一：＿＿＿＿＿＿＿＿＿＿＿＿＿＿＿＿＿＿＿＿

　優點：（＋）

　缺點：（—）

選項二：＿＿＿＿＿＿＿＿＿＿＿＿＿＿＿＿＿＿＿＿

　　　　　　　　　　　　　「品格」孩子的核心素養

優點：（＋）

缺點：（一）

選項三：＿＿＿＿＿＿＿＿＿＿＿＿＿＿＿＿＿＿＿＿

優點：（＋）

缺點：（一）

做出你的選擇並描述想法：

將行動計畫加以實現：

● 我們將會需要哪一些材料？

● 我們將於何時何地開展這一項工作？

● 我們需要哪些人來協助我們？

● 我們要以什麼方法來檢視它的成效？

來源：改編自馬賽克課程

以小組為導向的教導

以小組為導向的教學模式，為促進社會情緒和品格發展提供了絕佳的機會，這一點也不足為奇。首先，對樣貌的一個快速指引。班級本身就是群體，我們將這種群體視為一個社群。然而，我們的預期是這種小組設定的，指定作業，大致是單獨完成的形式（當然，即使學生單獨工作，小組中仍然存在相互依賴的因素；教師和同儕的行為仍然會對任何個

體產生影響）。有時，教師會要求學生與一位或更多位其他學生一同完成一項任務。有時候，這會以一種臨時方式進行（**「現在轉向你的鄰居，和他討論你認為這個角色做出這項選擇的原因」**）。有時則是更為正式的作法。小組成員可能會提前分配，並且可能會被要求在一段時間內保持這種組織的狀態（例如：每天一同作業 45 分鐘，完成將在月底提交的專案）。有一些教育方法，例如：專案學習及合作學習，是為利用小組成員之貢獻而專門設計；這些方法在本質上是小組導向的。

　　小組學習為班級現有的動態增加了社會和情感的複雜性。因此，小組為導向的教學法，為強大的社會情緒和品格發展與學科學習提供了許多機會。教育工作者可以採取幾個步驟，將小組經驗之社會和情緒元素以及小組的學術目標放在首位。如同一般社會情緒和品格發展的推廣，積極為社會互動做好準備是基礎。在合作學習的相關討論中，大衛‧強森（David W. Johnson）及羅傑‧強森（Roger T. Johnson）的學術成就扮演了核心的角色（1999），他們指出，為了讓合作小組成功，「人們必須學習領導、決策、建立信任、溝通，和衝突管理的技能，有如學業技能一樣有目的性及準確性。」（Johnson & Johnson, 1999 , P. 71）。

　　很明顯地，學生應該進入小組合作的情境中，瞭解在作

品上對他們的期望（「每個小組都應該針對他們所開發的新技術產品設計一個廣告」）。對於該程序的期望，也應該明確。讓學生具有特定的角色（由教師指定或由學生自行選擇）通常很有幫助。當小組成員因為無法被聽見而可能不參與時，情況特別是如此。例如：在一個關於數學課小組合作的研究中，福爾摩斯和黃（2016, P. 461）發現，分配角色為學生提供「在受保護的指導原則裡發言的許可」，並「讓他們在指定的角色中感到被接納和舒適，這或許可以鼓勵不同的群體成員之間進行更多對話。」

藉由在開始之前讓學生設定社會情緒和品格發展相關的基本規則，小組學習情境可以成為建立社會情緒和品格發展技能的機會。即使學生已經進行小組合作也能奏效。「當彼此在相處上出現困難時，學生必須要參與小組程序，和有效地識別、定義並解決他們在合作過程中所遇到的問題」（Johnson & Johnson, 1999, P. 71）。

以下是你可以與學生一起進行的問題，以幫助他們制定屬於自己的指導原則。這些針對小組合作問題可以作的準備為討論的一部分，也可以用作為小組的書面協議。

- 我們將如何處理小組中的衝突？
- 如何確保每個人的想法都得到聆聽且備受尊重？
- 我們將如何確保每個人都做出貢獻，如果有人不做

出貢獻，我們該怎麼做？

著手進行小組合作也可以提供自我反思（self-reflection）和自我覺察（self-awareness）的機會。例如：教育家拉麗莎‧帕霍莫夫（Larissa Pahomov）（2018）建議大家採用她所提及的「懺悔開場白」（opening confessional），以這樣的問題來進行：「你給小組帶來了哪些弱點，你的小組夥伴可以如何協助你？」以及自我反思的結語，如「在這個過程中你們小組的最大優勢是什麼？你的小組曾在哪個階段碰到困難或失敗？如果你可以重新開始這個過程，作為個人和作為小組，你會有什麼不同的作法？」。如果你使用了上述針對小組合作的準備問題，請在整個過程中各個時間點以及完成之時，採用這些問題作為基礎，來檢視小組合作的社會及情緒元素。

✧ 最後的整合性範例

在終結本章之際，我們提供了一個額外的例子，以說明幾種社會情緒和品格發展能力如何相互結合以支援更複雜的行為。在這種情況下，我們關注一個與班級運作的相關話題，即「加入小組」。

加入一個新小組

改編自 SDM ／ SPS 相關資料（Bruene Butler, Romasz-

　　　　　　　　　　　　　　「品格」孩子的核心素養

McDonald, & Elias, 2011; Elias & Bruene Butler, 2005c, 2005b, 2005a）。

目標

- 教導學生加入小組的指導原則。

- 提高對加入小組時可能碰到問題的認知。

- 在接受新成員時討論小組成員的責任。

素材

- 全班同學演練「加入新小組」（請見 P. 299 框格 9.10）。

框格 9.10　加入新小組

1. 專注於正在進行的活動。
2. 保持冷靜並加以觀察。
3. 尋找協助或貢獻的方式。
4. 使用你的 BEST 溝通技巧並介紹自己。
5. 詢問你是否可以加入。

教學活動

（1）**介紹議題**：首先告訴學生，你要給他們講一個與他們年齡及年級相仿的一位學生的故事。跟著下方這些句子說：

「吉姆剛搬到一個新城鎮，所以他必須轉學到一所新的學校。他一個人都不認識。在下課休息時間，大家都出去踢球了。吉姆很想要玩，卻不知道如何加入群體。我們來幫助他學會加入群體。」

詢問大家，是否有人曾經必須加入一群從未遇過的陌生人。感覺如何？

（2）採用計畫好的步驟來發展加入新小組的想法。

說明：「吉姆可以學習一些步驟來幫助他加入群體。吉姆應該要做的第一件事就是觀察孩子們的感受和行為。他為什麼應該這麼做？」【部分原因可能是弄清楚這些孩子的興趣，瞭解名人角色來認識他們等等。】

「對吉姆來說，哪裡是進行觀察的最佳地點？」（在附近──好讓群體中的孩子們可以看見他的興趣。）「現在他應該要想辦法加入群體，他可以如何加入？」（藉由評論當下正發生的事、介紹自己或找到可以協助或貢獻的方法，來展開對話。）

讓孩子們扮演吉姆，演練可以加入群體的每一種方法。當學生進行角色扮演時，請參閱保持冷靜（第六章）和BEST 溝通技巧（第七章），並針對他們示範加入群體時會做的事來提供反饋。

「品格」孩子的核心素養

（3）討論可能的問題。

   a 說明：有時候，孩子們會非常想加入一個群體，以至於他們可能會做錯一些事。有時候，孩子可能想要觀察一個他們有意加入的群體，但可能過於害羞而站在一旁盯著看太久。

   b 示範一個膽怯的身體姿勢和一個盤旋的姿態，然後問：

     ①「為什麼這不是個好主意？（這會讓其他人感到不自在。）這是被動行為的一個例子。」

   c 腦力激盪在加入群體時可能出錯的其他方法。提供一些例子：以破壞性的方式引起他人對於自己的注意，在不適合的時間打斷他人，反對他人意見或負面地批評其他孩子。

     ①這些都是攻擊性行為的例子。

（4）明確指出，沒有任何可以保證立即有效或總是可行的方法。

   說明：「有時候，即使你做對了一些事，其他孩子們也可能一開始就忽略了你。他們為什麼這麼做？」（他們可能投入在他們正在做的事。面對新來的同學，他們可能也一樣感到害羞。）

   「你應該要怎麼做？」（他們不是針對你，再試一次。）

（5）總結步驟和小組成員的職責。

　　a 說明：「現在我們再來看看吉姆的情況。如果你是這個小組的一員，你能做些什麼讓吉姆更自在一點？」（介紹自己、展開一段對話、將他介紹給其他人或請他加入大家。）

　　b 將幫助某人成功加入新群體的行為與 BEST 溝通技巧之間建立連結（第七章）。

　　c 展示「加入新小組」框格並回顧各項步驟（請見 P. 299 框格 9.10）。

（6）以角色扮演來展現孩子請求加入群體的情境。

　　a 以下是一些可能的情境說明：

　　① 辛蒂和布萊恩正在玩遊戲。艾力克斯想加入。艾力克斯可以如何詢問？辛蒂和布萊恩可以怎麼做？

　　② 特雷爾要上中學了。第一天去學校的時候，他看到的都是不認識的學生。當特雷爾在教室外面等門打開的時候，他能做些什麼？

　　③ 麗瑟特邀請艾咪參加生日派對。麗瑟特是艾咪唯一認識的人。艾米可以做什麼來認識更多的人？麗瑟特可以做些什麼？

　　④ 威利是學校新來的同學。午餐時間，老師請

　　　　　　　　　　　　　「品格」孩子的核心素養

他找位子坐下。威利應該如何加入一個餐桌的同學？那個餐桌的孩子們應該做些什麼？

⑤ 潔琪原來在特殊班，現在被編入常規的科學班級。在開始上課的那一天，同學們正以四人一組的方式進行專案作業。潔琪可以怎麼加入小組中的其他三個同學呢？

（7）介紹反思性總結。

　　a 讓學生反思「從今天的課程中學到了什麼？」這個問題。加強說明關鍵的主題，並在日後進行檢視。

（8）規劃促進技能的轉移和歸納。

　　a 進行這項活動的回顧，作為轉換至新年級或新學校準備工作的一部分會很有幫助，但它也可以使用於任何的時刻——特別是當你的班上有小團體或有新學生加入班級時。

給教師們的提示指點

　　（1）「加入新小組」是一項困難的技能。有時，即使是最擅長社會技能的孩子，在嘗試它所建議的技巧時，也可能會遇到困難或遭到拒絕。針對兒童成功加入群體行為的研究中一致地發現，當兒童在嘗試加入一個新群體之前先花時間

進行觀察，他們最有可能成功。這種觀察讓新加入的孩子有機會瞭解這個團體，並為他提供小組正在進行的事一個參考的框架。相較之下，過早嘗試要重新調整該團體的方向，是一項高風險的行為。

堅持也很重要，因為加入團體對所有孩子都是一項困難的任務，但隨著時間累積，團體的接受度就更有可能。這個主題針對的技能要素，奠基在有助於提高兒童成功的社會技能，但是成功可能需要時間，基於這個事實，為他們做好準備也是同樣重要的事。正因為如此，讓孩子們預見阻礙以及嘗試加入團體時可能不會成功的方式，對他們會有所幫助。以腦力激盪及角色扮演的方式演練如何處理這些情況，將有助於他們應對各種各樣的可能結果。

為了進一步強化他們的技能，請學生寫一則短篇故事或討論有關他們曾經加入某個團體的經驗（例如：新鄰居、班級、運動校隊、童子軍活動及課後活動）。詢問他們遇到任何問題時的感受及他們的目標是什麼。請他們回想做了什麼事，而結果又是什麼。什麼事情成功了，而什麼事情失敗了？下次他們會有什麼不同的作法？

（2）請務必將「加入新小組」的主題連結到品格（第二章）及／或對你班級行為期望的相關討論（第三章）。

第十章

未來旅程的成功之路：使用反饋和拓展來提供支持並建立知能

　　促進學生的社會情緒和品格發展，包含設置最有可能創造並維持積極發展所需的一系列性格、技能和能力的條件。藉由刻意培養的關係、在班級營造的風氣及提供的實踐和反思機會，我們啟動了一個成長的過程。甚至在閱讀本書之前，你可能毫無疑問地已經發現，促進社會情緒和品格發展的成長，沒有什麼速成的方法。在學習及實踐新事物時，你需要的是堅持不懈的毅力。

　　對於教育工作者來說也是如此，他們的「新事物」是在課堂上以更有結構的方式來實施增強社會情緒和品格發展的活動。然而，當涉及教師本身之時，反覆練習、漸進式成長及長期持續規劃的重要性往往被忽視。對於學生的學習來說，多年的範圍和成長的順序是理所當然。但是對於教師學

習及專業發展？應該不是這樣。或許，你曾經歷以下其中一種情況：

- 一次性的專業發展課程，給你這樣的想法：「聽起來是個有趣的想法……但現在要做什麼！?」
- 收到了一組全新包裝教科書或課程指南，讓你不禁開始思考，你應該如何處理到目前為止所教的所有課程內容。
- 對實施一些新措施的任務指令，讓你摸不著頭緒，不明白將要如何貫徹執行。

很不幸的是，這些是司空見慣的情況，並且都有可以預見的後果。當你面臨這些情況時，你會如何描述你的反應：

- 對於嘗試新事物的機會感到興奮。
- 希望新措施將會提升教學及學習。
- 對於自己實際上應該做什麼感到困惑。
- 對於是否有能力滿足這些新期許感到自我懷疑。
- 懷疑自己是否真的能接受這些新期許，不確定它們是否只是一時的趨勢。

你的反應，幾乎包含所有這些感受的元素。然而，根據我們的經驗，在旋轉門式的實施——被引入另一個「極其重要的尖端措施」——沒有適當的支持、培訓和學習時間，往往會消除興奮和希望，卻同時助長困惑、自我質疑和懷疑的

　　　　　「品格」孩子的核心素養

態度。

任何新措施都有「人性的一面」（Evans, 1996）。以當前的情況，最具體地說，教育工作者在實施社會情緒學習計畫時，需要考量到社會及情緒的因素！

你已經閱讀了本書中的許多概念。甚至，你也許早已嘗試其中一些概念。很好的起點！一個偉大的開始，也需要一個偉大的延續。即使現在你只是讓腳趾泡一下水，也可以開始思考如何在池中游個幾圈。在本章中，我們將討論一些可以儘早採取的步驟，這有助讓事情進展地更為平順。

⤙ 創建藍圖：你的社會情緒和品格發展願景與使命宣言

當你開始於班級實施社會情緒和品格發展時，將藍圖牢記於心就變得相當重要。以下的兩個問題，你的答覆都相當關鍵：

對於在班級注入社會情緒和品格發展，你的願景是什麼？

對於促進社會情緒和品格發展，你的使命是什麼？

瞭解你對於這些問題的答覆，將為你即將面臨的許多決策點提供指導，我們將在下方概述其中一些。但是還有另一個原因。不可避免地，你會向許多不同的群體闡明你的工作：

同儕、主管、學生及家長。他們也需要先瞭解社會情緒和品格發展的藍圖，接著才能領會細節。此外，你的方法與同事共享得越多，對學生的影響就越大，而你投入的工作就更有可能在學校造成變革性的效益。嘗試以積極的方式（「學生將和平地解決問題」），而不是消極的方式（「學生將盡可能地不打架」），來組織這些問題的答案。你的社會情緒和品格發展願景與使命宣言，可以隨著一段時間重新審視而修訂。反覆地溝通願景與使命，尤其是對你自己。

一旦你已經闡明了你的社會情緒和品格發展願景與使命，花些時間去反思以下幾個問題（改編自 Novick 等人，2002 年）：

● 阻礙你為願景付諸行動的，會是什麼事？

● 你會在你的清單列入哪些組成要素，以建造一個充滿活力及關懷的學習者社群？

● ＿＿＿＿＿＿ 你最需要採取的行動是什麼 ＿＿＿＿＿＿ ？
   ✓ ＿＿＿＿＿＿ 在下個星期
   ✓ ＿＿＿＿＿＿ 在接下來的兩個星期
   ✓ ＿＿＿＿＿＿ 在下個月
   ✓ ＿＿＿＿＿＿ 在接下來的二至三個月
   ✓ ＿＿＿＿＿＿ 為學年結束進行準備
   ✓ ＿＿＿＿＿＿ 為下個學年的開始進行準備

✂ 向前邁進：一個解決問題的框架

我們在第八章所介紹的社會問題解決框架FIG TESPN，有助於你思考向前邁進的方向。請見表格 10.1（改編自 Novick et al., 2002）顯現了需要考量的一些問題。

表格 10.1　問題解決的行動框架	
步驟	說明
準備就緒： 評估你準備好改變的程度	你對於本書前面概述的社會情緒和品格發展理論，你的接受程度為何？你的主管上司呢？你可能需要更進一步瞭解的是哪些內容，而你可以如何做到這一點？
認清感受： 知道什麼時候要開始解決問題	當你在班級上了一整天的課，什麼時候會讓你感到驕傲？什麼時候會讓你感到挫折？這可以提供一些線索，關於那些需有改變的區域。
識別問題： 仔細檢視當下的情況	班級裡的人際關係如何助長你體驗到的負面情緒？你班級的優勢和自豪點有哪些？
設定目標： 聚焦於改變的工作	哪些問題和優勢可能是彼此關聯的？什麼是促進教學和學習最重要的事？
產生不同選項： 考量許多要做的事情	你有哪些選擇？要對此展開研究，你可以如何最佳地創造相應的情境？
展望結果： 考量所有的後果	對於每一個選項，正面或負面，可能產生的潛在結果有哪些？對於不同的組成要素（例如：學生、家長等），可能會有什麼樣的不同結果？

表格 10.1　問題解決的行動框架（續表）	
步驟	說明
謹慎選擇： 選擇目標導向或目標驅動的解決方案	考量到潛在的後果，哪一個選項最符合你設定的目標？
有條不紊地規劃： 預測所有的細節和路障	在你的計畫中，哪些是你可以採取的初步事項？
不斷學習： 得到反饋並相應地修正	你將如何追蹤你在措施上的進度和成果？這將會如何地被整合至持續進行的教學及學習內容中？

持續地學習

毋庸置疑，但仍然值得一提的是，我們一直在學習。當你開展社會情緒和品格發展的工作時，你會看到某些事似乎較有進展，而某些事較無進展，某些個別學生或學生小組似乎在學習上最有成效並且最為投入——或某些根本沒有。然而，你會做出一些適當的調整，並在進行的同時持續學習。

不幸但可以理解的是，「評量」（Assessment）和「評估」（evaluation）具有負面的涵義。但我們發現，本著持續改進的精神，從這種思維轉換（請見圖 10.1）開啟了使用資訊和反饋的可能性。

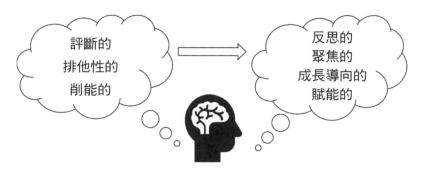

圖 10.1 評量和評估所需的思維模式

為了在過程中提供幫助，我們使用了許多工具，旨在針對學生參與和學習社會情緒和品格發展的實施，提供具體的反饋。這涵蓋兩個層面：

- 過程：關於促進社會情緒和品格發展，我的工作進行得怎麼樣？
- 進展：學生的社會情緒和品格發展能力是否隨著時間有所改變？

關於過程的反饋

首先，對於社會情緒和品格發展的投入，維持一種反思的自我評估過程會很有幫助。建立反思實踐的習慣，是這個工作的核心。以下是一些普遍的反思問題，在你實施社會情緒和品格發展活動時，可以引導你的思考（改編自 Novick et al., 2002）：

- ☐ 關於你的實施，你喜歡的是哪些事情？哪些事情沒有依照你的計畫進行？
- ☐ 發生了什麼你沒有預料到的事情？
- ☐ 下次你會有什麼不同的作法？你下一步會做什麼？你還可以做什麼？
- ☐ 你還能怎麼做／這件事還能怎麼被完成／其他人是怎麼做到這件事的？
- ☐ 要對成功充滿信心，你所需要的是什麼？
- ☐ 對於你所做的這些事情，你是如何決定的？
- ☐ 你認為造成這些結果的原因是什麼？

此外，我們建議這些反思能被收集起來，以用於未來的規畫。一個有結構的反思框架可以有所助益，例如把這些反思紀錄蒐集到一個文件夾（線上或紙本）。請見框格 10.1 的課程反思表，就會是一個有用的反思工具。

框格 10.1 課程反思表

教師／領導人：

日期：_____

上課時間及組別：_____

（1）課程或課堂活動的概要大綱：

（2）學生對於該單元的反應（對誰最有成效或最沒有
　　　成效）：

（3）該單元最有成效或令人喜歡的部分：

（4）該單元最沒有成效或不令人喜歡的部分：

（5）下次會面時跟進的重點：

（6）在小組會議之外（也就是其他的上課時間、其他的
　　　學校地點或校外），接下來幾個星期要跟進的重點：

（7）建議本活動未來改變的地方：

資料來源：改編自 SDM ／ SPS 相關資料

　　對於你強化社會情緒和品格發展的相關工作，也很重要
的是衡量學生的反應。以下是社會決策（SDM）／社會問
題解決（SPS）計畫中所使用的反饋表格（請見 P. 314 框格
10.2）。可以隨意根據你的需求來進行調整。

以小學階段為對象

姓　　名：＿＿＿＿＿＿＿＿＿＿＿＿＿＿＿＿

領導人：＿＿＿＿＿＿＿＿＿＿＿＿＿＿＿＿

日　　期：＿＿＿＿＿＿＿＿＿＿＿＿＿＿＿＿

（1）我認為社會決策活動是（請圈選一項）：

　　　　a 充滿樂趣

　　　　b 很好

　　　　c 還可以

　　　　d 一點都不好玩

（3）我希望這樣的活動可以（請圈選一項）：

　　　　a 更經常進行

　　　　b 就像現在的頻率就好

　　　　c 一段時間偶爾進行就好

　　　　d 不要再進行

（3）活動中最棒的一些事物是什麼？

（4）怎樣才能讓這項活動更好？

　　　針對下列問題，請圈選是或否。

（5）這些活動幫助我：

　　　　a 更好地瞭解我班的學生　　　是　　　　否

　　　　b 更好地應對我的問題　　　　是　　　　否

　　　　c 數學的表現更好　　　　　　是　　　　否

　　　　d 感覺更快樂　　　　　　　　是　　　　否

　　　　e 更喜歡我的老師　　　　　　是　　　　否

　　　　f 更能夠保持冷靜　　　　　　是　　　　否

　　　　g 更好地理解我讀到的東西　　是　　　　否

（6）當我_____時，我會使用到在社會決策活動

　　　中所學到的東西：

　　　　a 在課堂上　　　　　　　　　　是　　　　否

　　　　b 吃午餐時　　　　　　　　　　是　　　　否

　　　　c 在體育館　　　　　　　　　　是　　　　否

　　　　d 在走廊上（下課時）　　　　　是　　　　否

　　　　e 在家裡和我的父母一起　　　　是　　　　否

　　　　f 在家裡和我的兄弟姐妹在一起　是　　　　否

　　　　g 和我的朋友一起　　　　　　　是　　　　否

（7）請寫下一至兩次你有效地運用在社會決策活動中

　　　所學到的知識，幫助了你解決學校或家中的問

　　　題。說明你如何解決這個問題，以及對你最有幫

　　　助的是什麼。（如果有需要的話，請使用另一張紙

　　　寫下說明。）

以高年級學生為對象

你的年級：_____

你的班導／輔導老師：_____

請盡可能仔細且誠實地回答這些關於社會決策的問題。

（1）在你的社會決策活動中，你記得自己學到了哪些
東西嗎？

（2）你在學校或家中使用社會決策技能的頻率如何？

請圈選以下問題的最佳答案。

☐完全沒有

☐一次或兩次

☐有時候

☐很多次

☐一直在使用

（3）你最喜歡課程／活動的哪些部分？最不喜歡的部
分呢？

（4）在社會決策活動中學到的技能對你有多大的助益？

☐完全沒有

☐會使用，但助益不大

☐有幫助

☐很有幫助

☐非常有幫助

「品格」孩子的核心素養

（5）請描述你實踐社會決策中所學知識的一次經驗
（例如：在你在緊張或不安時停下來「保持冷靜」
或使用FIG TESPN思考如何處理問題）。如果有
需要的話，請利用這張紙的背面進行描述。

（6）針對本學年所剩餘的日子及／或暑期，你為自己
設定了哪些運用社會決策技巧的目標？

資料來源：Sue Coen, Ron Durkin , and Linda Bruene Butler, Berkley
Heights New Jersey from SDM/ SPS materials（Bruene
Butler, Romasz- McDonald, & Elias 2011；Elias & Bruene
Butler, 2005c , 2005b , 2005a）

關於進展的反饋

追蹤學生的進展可以提供重要的訊息，讓你知道你的努
力應該聚焦在哪裡。接著就是各式各樣的工具，你可以根據
自己的使用情況來進行調整。請記住，評估表單中所列的項
目都是來自致力於發展這些技能的措施。你的評估應該要反
映你努力的目標。請務必關注可能反映學生小組中差異化學
習的模式，及特定學生持續產生的問題模式，後者可能需要
第二層的干預措施。我們的例子如下：

● 社會決策優勢的概況（請見 P. 318 框格 10.3），一
種可作為班級層面的前／後評估表格。

● 學生社會決策／社會問題解決技能的成人評估表（框
格 10.4），也可作為個人層面的前／後評估表格。

- 學生情緒智商測驗（框格 10.5），可用於四年級及以上的學生。

框格10.3　社會決策優勢的概況（前測／後測評估）

教師：＿＿＿＿＿＿＿＿＿＿　日期：＿＿＿＿＿＿＿＿＿

學校：＿＿＿＿＿＿＿＿＿＿　年級：＿＿＿＿＿＿＿＿＿

將你班上的學生視為一個團體來進行觀察記錄，記錄中顯現班上學生掌握以下技能的百分比。

請圈選以下各個項目的百分比：

仔細聆聽：	10%	20%	30%	40%	50%	60%	70%	80%	90%	100%
準確地記住別人說的話：	10%	20%	30%	40%	50%	60%	70%	80%	90%	100%
遵循指引：	10%	20%	30%	40%	50%	60%	70%	80%	90%	100%
專注並堅持完成任務：	10%	20%	30%	40%	50%	60%	70%	80%	90%	100%
能讓自己冷靜下來：	10%	20%	30%	40%	50%	60%	70%	80%	90%	100%
在不惹惱或激怒他人的情況下進行對話：	10%	20%	30%	40%	50%	60%	70%	80%	90%	100%
欣然接受讚美或認可：	10%	20%	30%	40%	50%	60%	70%	80%	90%	100%
選擇值得讚美且關懷的朋友：	10%	20%	30%	40%	50%	60%	70%	80%	90%	100%
知道什麼時候需要提供協助：	10%	20%	30%	40%	50%	60%	70%	80%	90%	100%

「品格」孩子的核心素養

有需要時主動尋求幫助：	10%	20%	30%	40%	50%	60%	70%	80%	90%	100%
努力成為問題解決團隊的一份子：	10%	20%	30%	40%	50%	60%	70%	80%	90%	100%
可以識別自身的感受跡象：	10%	20%	30%	40%	50%	60%	70%	80%	90%	100%
可以識別他人的感受跡象：	10%	20%	30%	40%	50%	60%	70%	80%	90%	100%
可以精準地描述不同層面的感受：	10%	20%	30%	40%	50%	60%	70%	80%	90%	100%
清楚地將問題以言語表達出來：	10%	20%	30%	40%	50%	60%	70%	80%	90%	100%
陳述實際的人際關係目標：	10%	20%	30%	40%	50%	60%	70%	80%	90%	100%
想出好幾種解決問題或達到目標的方法：	10%	20%	30%	40%	50%	60%	70%	80%	90%	100%
考慮不同類型的解決方案：	10%	20%	30%	40%	50%	60%	70%	80%	90%	100%
區分短期以及長期的後果：	10%	20%	30%	40%	50%	60%	70%	80%	90%	100%
留意對於自己及他人的影響：	10%	20%	30%	40%	50%	60%	70%	80%	90%	100%
牢記正向和負向的可能性：	10%	20%	30%	40%	50%	60%	70%	80%	90%	100%

選擇可以實現目標的解決方案：	10%	20%	30%	40%	50%	60%	70%	80%	90%	100%
做出不會傷害自己或他人的選擇：	10%	20%	30%	40%	50%	60%	70%	80%	90%	100%
在執行解決方案之前考量各種細節（對象是誰、何時、何地、與誰等）：	10%	20%	30%	40%	50%	60%	70%	80%	90%	100%
預測可能的障礙：	10%	20%	30%	40%	50%	60%	70%	80%	90%	100%
當計畫受阻時做出適當的回應：	10%	20%	30%	40%	50%	60%	70%	80%	90%	100%
試驗一下人們的想法：	10%	20%	30%	40%	50%	60%	70%	80%	90%	100%
從經驗中學習或者向成人或朋友尋求意見：	10%	20%	30%	40%	50%	60%	70%	80%	90%	100%
使用以前的經驗來讓「下一次」更順利：	10%	20%	30%	40%	50%	60%	70%	80%	90%	100%

評論：

資料來源：Sue Coen, Ron Durkin , and Linda Bruene Butler, Berkley Heights New Jersey from SDM/SPS materials（Bruene Butler, Romasz-McDonald, & Elias 2011; Elias & Bruene Butler 2005c, 2005b, 2005a）

　　　　　　　　　　　　　　「品格」孩子的核心素養

10.4　學生社會決策／社會問題解決技能的成人評估表

（A）準備就緒區　　　這孩子能做到什麼程度　　　　觀察

（請圈選一項）

(1) 自我控制	a 仔細並準確地聆聽	1 2 3
	b 牢記並遵循指引	1 2 3
	c 專注並徹底完成任務	1 2 3
	d 能讓自己冷靜下來	1 2 3
	e 在不惹惱或激怒他人的情況下進行對話	1 2 3
(2) 社會覺察	a 欣然接受他人的讚美或認可	1 2 3
	b 選擇值得讚揚且關懷的朋友	1 2 3
	c 知道什麼時候需要提供協助	1 2 3
	d 有需要時主動尋求幫助	1 2 3
	e 努力成為問題解決團隊的一份子	1 2 3

（B）社會決策區

(1) 感受	a 可以識別自身的感受跡象	1 2 3
	b 可以識別他人的感受跡象	1 2 3
	c 可以精準地描述不同層面的感受	1 2 3
(2) 問題	a 清楚地將問題以言語表達出來	1 2 3
(3) 目標	a 陳述實際的人際關係目標	1 2 3
(4) 替代方案	a 想出好幾種解決問題或達到目標的方法	1 2 3
	b 考慮不同類型的解決方案	1 2 3
	c 針對不同類型的問題執行（a）和（b）	1 2 3

（5）結果	a	區分短期以及長期的後果	1 2 3
	b	留意對於自己以及他人的影響	1 2 3
	c	牢記正向和負向的可能性	1 2 3
（6）選擇	a	選擇可以實現目標的解決方案	1 2 3
	b	做出不會傷害自己或他人的選擇	1 2 3
（7）計劃和確認	a	在執行解決方案之前考量各種細節（對象是誰、何時、何地、與誰等）	1 2 3
	b	預測可能的障礙	1 2 3
	c	當計畫受阻時做出適當的回應	1 2 3
（8）作為下一次的學習經驗	a	試驗一下人們的想法	1 2 3
	b	從經驗中學習或者向成人或朋友尋求意見	1 2 3
	c	使用以前的經驗來讓「下一次」更順利	1 2 3

框格 10.5　學生情緒智商測驗

名字：＿＿＿＿＿＿＿＿＿＿＿＿＿＿＿

日期：＿＿＿＿＿＿＿＿＿＿＿＿＿＿＿

「EQ」是指情緒智商的簡短稱呼。智商有助於學習學校科目及其他資訊，而情緒智商有助於應對感受、關係、問題、選擇及目標。情緒智商是可以學習並變得更好的事物，且相較於智商，它對幸福和成功甚至更加重要。這個「小測驗」將幫助你瞭解你的情緒智商

　　　　　　　　　　　「品格」孩子的核心素養

目前的狀態。當你填寫這個表格時，盡量不要拿自己
與他人比較或說出你認為其他人想聽到的內容。相反
地，你要根據對自己的真實想法來做出回答，並盡可
能對自己誠實。你不會因這個測驗而被評分。這些訊
息有助於你更有效地瞭解自己，並幫助你識別你想要
進一步學習的技能。

針對每一項陳述，請給自己：

- 3分，如果陳述內容完全符合
- 2分，如果陳述內容有時符合或有點符合
- 1分，如果陳述內容很少符合或不符合

（1）我對於談論自己的情緒感到自在：

（2）我知道許多的語詞可以用來形容我的感受：

（3）我可以辨別他人的感受：

（4）我在乎其他人的感受：

（5）我通常對自己持積極態度，即使在面臨挑戰時：

（6）在困難的情況下，我可以控制自己的情緒和反應：

（7）我可以耐心地等待我真正想要的東西：

（8）我有合理的目標：

（9）對於如何實現這些目標，我有清楚的想法：

（10）我可以自信且尊重地表達自己的想法：

（11）當別人說話時，我會專心聆聽：

（12）我知道自己需要什麼以及如何提出要求：

（13）我知道如何獨立地解決問題：

（14）我很自在和一群同年齡的孩子相處：

- 看看你拿下3分的項目有哪些，這些就是你的優勢。恭喜！意識到你的這些技能，特別是在有挑戰的情況下，也請持續保持這些技能。

- 接下來，看看你拿下2分的項目。你在這些技能上有一定的能力，但你可以多加以練習。在已知的基礎上，你可以再接再厲，隨著時間更好地掌握這些技能。

- 現在來看看你拿下1分的項目。這些技能將會讓你花更多時間來發展並強化。我們每個人都有對我們而言比對其他人更難發展的技能。為了讓這些事做得更好，你可以藉由自己或他人的支持，來聚焦並致力於這些技能上。

資料來源：改編自 Elias and Tobias 2018

保持解決問題的心態

你已經完成了評估，並且不可避免地已經識別出——徐了成功以外——有一些領域需要進行改進。學生在社會情緒和品格發展的成長路線，不會是線性的——有時，教育者會

對學生的進展感到無比滿意，有時也會因為缺乏進展而感到十分沮喪。即使是在社會情緒和品格發展方面經驗豐富的人士，情況也是如此。

重要的是，在學生們之中推動社會情緒和品格發展時，你的成長之路也不會是線性的——有時，你會對自己的工作感到非常滿意，而有時你會因為事情未依照計畫進行而感到非常沮喪。同樣地，即使是在社會情緒和品格發展有豐富經驗的人士也會面臨同樣狀況。雖然，你無法確定會遇到什麼路障，但也值得你好好思考可能發生的情況，以及如何應對出現的挑戰（請見框格 10.6）。

框格 10.6　持續發展的路障

教育學者威廉・提爾尼（William G. Tierney，2001 年）和美國國家教育與創新中心（the National Center for Education and Innovation，1999 年）發現，阻力（resistance）往往可以追溯到一系列的組織因素。

（1）人們對於待解決的問題／追求的目標意見不一致。

（2）時間框架和工作結構不明確。

（3）幾乎沒有實施的問責、監測及標準。

（4）改變未經溝通或即使經過溝通，執行時也欠缺遠

見和謹慎的方法。

（5）體制已經僵化——人們開始覺得「何必呢」，所以沒有任何事情發生／改變。

（6）抵制的態度、誤解及優先事項。

（7）後勤障礙：資金、培訓等。

資料來源：改編自 Novick, Kress, & Elias 2002

在上述情況中，針對你的工作環境，請圈選你預測最為困難的一個（或多個）路障。

威廉・提爾尼（2001 年）、艾利亞斯和伯科維茲（2016年）及諾維克、克雷斯和艾利亞斯（2002 年），都提出了解決每一種常見組織路障的補救措施。

（1）**營造共識的氣氛**。在有限的程度上重新開放討論，但有必要的話可以更廣泛地開放討論。重新考量目標。確保被排除的聲音擁有發言權，尤其是意見領袖，但要發動積極的意見領袖公開參與討論，以闡明已經達成的共識。

（2）**定義角色和時間框架**。指定何人將於何時執行何事。找出不能履行所有職責的人是誰，並針對狀況來制定計畫。營造一種精神，在此精神下，比起不披露自己無法完成預期事項，創造機會更為重要。

（3）**尋求比較性的數據**。看看類似的機構如何進行類

似的事務。向導師尋求建議。不過，別忘了稱讚自己的進展。

（4）**確保良好的溝通**。討論傳播資訊的方式，如何傳播以及由誰來進行。在實施過程的早期，必不可少的就是頻繁的溝通，並設置確認溝通訊息的回覆。

（5）**鼓勵一種友善創新的文化**。本著持續改善的精神，幫助人們在積極的環境中看到變化。適應不斷變化的現實環境是一種道德及職業上的責任。然而，為他們提供安全的、關愛的、具有挑戰性及支持性的學習環境，也同樣是責任，讓所有學生都能感受到彼此的聯繫和自身的貢獻。當然，對於教職員工們來說也是如此。

（6）**直接處理迷思**。抗拒的態度常常來自誤解。其中最大的誤解是，這是家長的責任，而不是教育者的職責。如我們現在所知，教育工作者如果要為學生取得學業和其他更多的成功，他們需要學生具備良好的品格和社會情緒能力。全然仰賴家長提供這種基本的教育元素，如果不是徹底失敗，就是導致持續掙扎的原因。通常，這個迷思隱藏了關於教導社會情緒和品格發展更深層的不確定。這是可以理解的，而最終也能加以克服，只要藉由向教育工作者展示社會情緒和品格發展在其他學校實行的狀況，藉由所有州政府和學校追求社會情緒和品格發展、獲得學業成就，並因此建立一個結構來支援人們發展這個新的專業領域（實際上，不同

於成為一位有效教育者所需的技能，新的專業領域需要的技能不多）。

（7）建立一個強大的學校身分，然後規劃如何活出這個身份。 在金錢、時間及其他資源之間，你總是可以找到優先事項。從學校可以如何發展的一個令人信服的願景開始，經常可以激發人們為了實現這個願景而付出努力。一個更廣闊的願景較容易獲得更多的支持，而不是專注於較小的個人計畫，這些較小的計畫在教職員、學生、家長和更廣大社群的眼中，無法看出學校對做出持久改變的承諾。稍後，在討論創建品格學校時，我們會討論這個問題（艾利亞斯和伯克維茲於 2016 年也已詳細闡述）。

諾維克、克雷斯和艾利亞斯（2002 年）也建議了一個解決問題的過程，作為克服這些挑戰的指南：

（1）要克服的障礙是什麼？

（2）長期目標是什麼？

（3）有哪些可能的解決方案？

（4）每一種解決方案的優點、缺點各有哪些？

（5）總而言之，最好的一項解決方案是什麼？

（6）要將此解決方案付諸行動，我需要做些什麼？

（7）哪些是我預計會碰到的障礙，我將要如何應對這些障礙？

尋求額外的資源

根據本書中所提供的素材，你有許多步驟可以採取以增強社會情緒和品格發展。如果你需要更多的資源，也有許多現成可用的資源。如果你的學校有意協調附近諸多實施社會情緒和品格發展工作的教育工作者，那麼從既有的課程或計畫性的行動中建立可能會有所幫助。有些資源從已出版的課程指南就可取得，有些則需要配合專業發展才能形成。學術與社會情緒學習協作組織（CASEL.org）的網站上，提供了一些在效益上已通過驗證的計畫資訊。

整體而言，尋找具備如下條件的社會情緒和品格發展相關計畫：

- 以理論和研究作為基礎。
- 教導孩子在日常生活中運用社會情緒和品格發展的相關技能及道德價值。
- 藉由關愛、吸引人的班級及學校實踐來建立與學校的連結。
- 提供在發展上、文化上都合適的指導。
- 幫助學校協調並統一那些通常零散的計畫。
- 透過處理學科學習的情感及社會層面議題來強化學校的表現。
- 讓家庭和社區成為合作夥伴。

- 建立可以促進成功的組織支持和政策。

- 為教職員提供高品質的發展及支持。

- 結合持續性的評估和改進。

（來源為學術與社會情緒學習協作組織：www.casel.org，「安全與完好」〔"Safe and Sound"〕一文）

你也可以在「品格教育組織」的網站 www.character.org 找到範例。「品格教育組織」管理國家品格學校計畫，該計畫規範了構成「品格學校」的標準以及申請和審查流程。許多州都有州立品格學校的計畫。這意味著你可以尋找背景與你學校類似的學校，並查看他們做了什麼努力來贏得如此的殊榮。（此外，還有一項品格學區〔District of Character〕的計畫，以認可在其教育體制中多所學校有系統的改善學生的社會情緒和品格發展，以及整體學校文化和風氣。）在撰寫本文時，紐澤西州和密蘇里州正持續地互相競爭，看看哪個州有最多的品格學校。此外，「品格教育組織」認可了「潛力實踐計畫」（Promising Practices），以呈現學校在某些層面上的努力（無論是在年級的實踐，或在全校範圍內一個小範圍的實踐，或學期內在特定跨學科領域的實踐，或在上學日某段時間的實踐），以鼓勵學校持續走在邁向品格學校的道路上。對於從事社會情緒和品格發展的個別教師來說，與志同道合的同事進行潛力實踐計畫，可能就是可實現的第一

「品格」孩子的核心素養

步，這種認可往往會激發他人的興趣而讓他們走向另一個潛力實踐計畫，並最終成為一個品格學校。實際上，本書中提出的許多概念，都可以成為潛力實踐計畫的基礎，並且結合起來可以為品格學校提供一張藍圖。

建構及分享專業知識

「蛋盒」的這個經典比喻，仍然適用於教師在工作時的情況：他們經常很靠近彼此，卻很少有機會一起合作。對於社會情緒和品格發展的工作—— 或著手任何新的實施之旅——在這一路上，擁有合作夥伴相當有幫助。最起碼，你將有機會分享過程中的起起落落。更棒的是，你的同行旅伴可以成為一個團隊，有助於激發創造性思考、解決困境的解決方案、分享技巧和想法。

第一個步驟，當然就是與學校中志同道合的同事建立聯繫。還有哪些人在社會情緒和品格發展領域努力耕耘？還有誰可能有興趣從事這項工作，但可能需要某個人（也就是你）來傳播這個想法，並引他們加入其中？如前所述，在互助的同伴之中發展專業知識，會是一個強大的步驟，申請「潛力實踐獎」（或通過州政府及教師協會地方分支機構，例如國家教育協會和教師聯合工會，經常頒發的類似表揚）可以為你們的協作提供一個實質的重點。或許，你可

以在你的學校甚至在你的學區跨校建立一個專業學習社群（Professional Learning Community，PLC）或者你可以申請特殊的暑期專業發展計畫（Professional Development，PD）來建立這個領域的專業知識。

第二個步驟，就是與學校以外的人建立聯繫。除了搜索你所在地區的品格學校之外，你可能還想瀏覽 www.SEL4US.org 網站。美國社會情緒學習聯盟（Social Emotional Learning Alliance for the US, SEL4US）是一個全國性的網路組織，截至作者撰寫本文時，美國已有二十個州設有州屬機構，並且仍持續在增加中。在美國社會情緒學習聯盟，你可以查看你所在的州是否有社會情緒學習聯盟（例如：SEL4WA、SEL4MA、SEL4TX、SEL4NJ、SELFL、SEL4OR、SEL4AZ、SEL4IL、SEL4CA）或者，如果有人開始要在你所在的州建立一個分部，你或許就會想要加入了。美國社會情緒學習聯盟的組織重點是建立並分享專業知識，盡最大努力降低無謂的重複，並創建一個可以改善社群的網絡，藉由社群的集體協作來加速專家實踐的進展。你也可以在 CASEL 的網站上瀏覽協作的州立計畫（Collaborating States Initiative），瞭解各州在制定社會情緒學習／社會情緒和品格發展政策的標準或方針有了哪一些進展。

最後，學校社會情緒學習組織（SELinSchools.org）一直

保有兩個給教育者的證書課程；一個課程是關於社會情緒和品格發展的教學，另一個則是關於社會情緒和品格發展的學校領導。在每一種情況，這個包含實境對話的線上證書課程採用群組方式來創建協作和支持性的專業知識，以作為社會情緒和品格發展的一個關鍵層面。在獲得證書後，教育工作者將會進入一個虛擬的專業學習社群，在那裡他們可以獲得關於他們難以避免卻會經歷的實踐／實施挑戰問題的持續且即時的諮詢。當然，這個學院與美國社會情緒學習聯盟、學術與社會情緒學習協作組織、品格教育機構及其他與社會情緒和品格發展的相關資源都相互連結，而且這些機構的參與者也是如此。

藉由這些機制，你可以在建立並分享社會情緒和品格發展的專業知識上，對你的支援團隊採取開闊的視野。無論你的學校是否致力於向前發展，你都可以成為實踐社群的一部分，這個社群將為你的工作提供支援，並希望你分享你有效的見解及實踐。與那些在社會情緒和品格發展處於相似階段、更有經驗的人建立聯繫，特別具有價值。這種工作嵌入式的專業發展計畫，最終比那些以研討工作坊為基礎的專業發展計畫更加有效。

⚡ 最後的反思：那些成功培養學生社會情緒和品格能力的人，塑造和團結他們的原因是什麼？

我們親愛的同事及導師，已故的伯納德・諾維克博士，致力於改善學生的生活。他以多重的身分與學校的年輕人一起工作，並且是猶太青年團體的一位領導者，在美國及加拿大都備受尊重。他是一個出色的觀察者及服務學生的成人培訓者，他注意到九個特質，是那些在社會情緒和品格發展工作中成功者的特徵。我們在總結時介紹這九個屬性，讓你在反思的時候，在你感覺自己的承諾有所動搖的時候，或者在你的同事似乎沒有「明白」而你不知道如何處理的時候，可以拿來參考。更重要的一點是，你會在你的工作中找到盟友，他們在支持你的同時也得到你的支持，他們的觀點與下面所述的觀點相符。如同伯納德一樣，我們相信，這些是每個教育工作者都應該擁護並同時渴望的屬性，如果他們想為我們的學生——他們是我們的未來——提供最佳的指引。

他們為自己所做的事情感到自豪。

他們正在採取與其價值系統相關的行動。

他們相信，他們的努力將為他們關心的人創造一個更美好的世界。

他們擁有積極的能量，積極的幸福感。

他們具備實現社會情緒學習／社會情緒和品格發展
活動所需的技能。

　　他們發現自己可以做出許多的貢獻。

　　德不孤必有鄰，他們看見並且聽見別人也這麼做。

　　他們感覺到一種身為公民的責任感。

　　他們對於兒童的問題深感不滿。

資料來源：Novick, Kress, & Elias 2002

　套用伯納德的英雄之　聖人希勒爾的話：

　　如果不是你來作為學生社會情緒和品格發展的觸
媒，會是誰來做？如果不是現在，更待何時？

「品格」孩子的核心素養：社會情緒學習的日常教學

作　者——傑佛瑞‧S‧克雷斯（Jeffrey S., Kress）、莫里斯‧J‧埃利亞斯（Maurice J., Elias）

審　定——財團法人宏達文教基金會
譯　者——陳柚均
溝通協調——廖翊君
主　編——王衣卉
企劃主任——王綾翊
全書設計——倪旻鋒
內頁排版——唯翔工作室

第五編輯部總監——梁芳春
董事長——趙政岷
出版者——時報文化出版企業股份有限公司
108019台北市和平西路三段二四〇號
發行專線—（〇二）二三〇六六八四二
讀者服務專線—〇八〇〇二三一七〇五
　　　　　　（〇二）二三〇四七一〇三
讀者服務傳真—（〇二）二三〇四六八五八
郵撥—一九三四四七二四時報文化出版公司
信箱—一〇八九九臺北華江橋郵局第九九信箱
時報悅讀網——http://www.readingtimes.com.tw
電子郵件信箱——yoho@readingtimes.com.tw
法律顧問——理律法律事務所　陳長文律師、李念祖律師
印　刷——勁達印刷有限公司
初版一刷——二〇二二年十月二十一日
定　價——新台幣四五〇元

時報文化出版公司成立於一九七五年，
並於一九九九年股票上櫃公開發行，
於二〇〇八年脫離中時集團非屬旺中，
以「尊重智慧與創意的文化事業」為信念。

「品格」孩子的核心素養：社會情緒學習的日常教學 / 傑佛瑞‧S‧克雷斯（Jeffrey S. Kress），莫里斯‧J‧埃利亞斯（Maurice J. Elias）著；陳柚均譯. -- 初版. -- 臺北市：時報文化出版企業股份有限公司，2022. 10
336面；14.8×21公分

譯自：Nurturing students' character : everyday teaching activities for social-emotional learning

ISBN 978-626-335-989-5（平裝）

1. CST：德育 2.CST：品格 3. CST：社會教育 4.CST：情緒教育

528.5　　　　　　　　　　　　111015212